NOUVEL ESSAI

SUR LES

EAUX MINÉRALES DE PLOMBIÈRES.

Par GROSJEAN, D. M. ancien Inspecteur des Eaux minérales de Bussang, ancien Médecin des Hôpitaux militaires et Armées de la République, associé correspondant des sociétés de Médecine de Paris, Nancy, l'un des Médecins de Plombières, etc.

SECONDE ÉDITION.

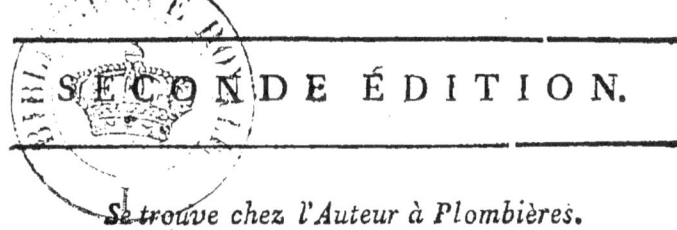

Se trouve chez l'Auteur à Plombières.

A NANCY,

De l'Imprimerie de GUIVARD, Place de la République, ci-devant Carrière, N.° 21.

An XI de la République. (1803, Ère ancienne.)

Monsieur Hallé, [professeur]
[à l']école de médecine de Paris.
de la part de l'auteur.

Non mihi, sed rationi, experientiæ, aut quæ ratio esse videtur, milito. SCALIGER.

Mon éloignement de l'Imprimeur a laissé subsister des fautes graves de typographie, que je prie mes confrères de vouloir bien excuser et de se souvenir dans l'occasion de l'annotation de la dernière phrase de l'ouvrage.

A
MES CONCITOYENS.

J'AURAIS désiré vous offrir un Ouvrage plus complet, plus en grand sur les eaux salutaires que renferme notre Cité; mais pressé par quelques personnes de ne plus différer à publier mes observations, je n'ai pu m'y refuser, surtout en pensant que je vous le devais, pour l'accueil amical que vous m'avez fait, lorsque de retour parmi vous, je vins m'y fixer.

La confiance dont je me suis vu investi et que vous m'avez continué, m'a été un gage précieux de votre estime, que je chercherai toujours à conserver. Vous m'en avez réitéré différentes fois le témoignage flatteur, et les habitans des communes du voisinage, partageant l'opinion avantageuse que vous avez pris de mes talens, se sont réunis avec vous, pour m'en laisser un garant honorable dans des délibérations prises à différentes époques, et en me désignant pour l'Officier de santé du canton.

Je conserverai précieusement le souvenir d'une distinction aussi flatteuse ; et je ne crois pouvoir choisir une occasion plus marquante de vous en réitérer l'expression, qu'au moment où je publie le fruit de mes observations et de mon travail, sur les eaux salutaires dont la providence a gratifié notre commune patrie.

INTRODUCTION.

La France est un des pays les plus riches en eaux minérales ; elle en contient une quantité prodigieuse de toutes les espèces ; elle réunit, par conséquent, une multiplicité de secours réels et efficaces dans nombre de maladies. Le Créateur semble s'être complu à répandre sur ce sol fécond en tous genres, les trésors de sa main bienfaisante.

La connaissance des effets des eaux ne peut s'acquérir que par l'observation, et cette partie essentielle ne peut cependant avoir une consistance réelle que d'après une analyse exacte et réitérée, sans quoi il existe des contradictions, et de-là une incertitude embarrassante pour les praticiens, et dangereuse pour les malades. « La réunion (1) de bonnes analyses » soutenues d'observations pratiques, faites par des » médecins éclairés et de bonne foi, constatant les » différentes nuances de l'action et de l'effet des eaux » dans les différens cas, les maladies différentes et les » tempéramens différens, peut seule fixer l'esprit sur » cet objet important, et augmentant le nombre de » nos connaissances et de nos remèdes, nous garan- » tirait de l'empirisme. »

Si je n'eusse voulu donner qu'une opinion copiée ou hasardée sur les eaux de Plombières, j'aurais pu, après une année ou deux de fréquentation pendant les saisons, publier les observations que j'y ai recueillies, et depuis long-temps je me serais permis d'écrire ; mais le sujet m'a paru si grave, les médecins qui m'ont précédé, des autorités si respectables, que j'ai cru plus prudent de bien examiner, pour ne pas émettre précipitamment une opinion qui pouvait, après un mûr examen, n'être ni la leur ni la plus vraie.

---

(1) *Le docteur Carere dans son rapport à la société ci-devant royale de médecine.*

En conséquence, j'ai cru devoir méditer d'abord les ouvrages de ceux qui m'ont précédé depuis long-temps, et comparer l'effet qu'ils assignaient à ces eaux, avec ce que l'expérience, l'observation pouvaient m'apprendre.

Il y a déjà près de vingt ans que j'avais eu l'occasion de voir différens malades pendant leur séjour aux eaux et après leur retour, cela avait fait naître en moi le désir de les connaître plus particulièrement et de les suivre un jour. Dès avant cette époque, les ouvrages du docteur Lemaire, celui du docteur Didelot (1), avaient singulièrement stimulé ma curiosité sur les propriétés et l'efficacité de ce remède. Ce désir était encore corroboré, parce que m'en expliquait feu le docteur Courtois, mon prédécesseur dans l'inspection des eaux de Bussang (2), médecin instruit, qui avait fréquenté avec succès pendant plusieurs années les eaux de Plombières, et que trop d'amour de la tranquillité, décidèrent trop tôt à ne plus suivre.

Le docteur Didelot n'avait pu prévoir, lorsque différentes sociétés de savans accueillaient avec distinction son ouvrage sur les eaux de Plombières, qu'un jour après sa mort, on disséquerait cet ouvrage pour lui supposer des défauts, et en inférer *qu'il faut avoir le titre d'inspecteur des eaux, pour pouvoir y traiter convenablement les malades, connaître les propriétés de ce remède et en raisonner pertinemment.* Si cette erreur peut trouver des partisans, ce ne sera sûrement que dans la classe d'hommes à préventions

---

(1) *Cet ouvrage et d'autres encore, lui ont mérité les éloges de plusieurs sociétés savantes dont il était membre;* sa Topographie médicale des Vosges *a été couronnée par la société de médecine ci-devant royale de Paris.*

(2) *Lorsqu'en 1786 je fus nommé à l'inspection des eaux de Bussang, je remis à M. Lassone un mémoire sur ces eaux, dont on fait beaucoup usage à Plombières, que j'ai réexaminées depuis, et sur lesquelles je me propose de faire de nouvelles recherches.*

ou ignorans; car il en résulterait que plusieurs médecins célèbres qui, dans tous les temps, ont suivi et traité avec succès les malades aux eaux, sans en être directeurs ou inspecteurs, et sans la participation de ceux-ci, n'étaient que des ignorans ou des intrus en qui on ne devait point se confier ; aussi ne m'attacherai-je pas à réfuter cette ridicule prétention ; d'ailleurs la confiance ne peut être maîtrisée.

L'ouvrage que je publie est le fruit de mes observations réitérées et d'une expérience de plusieurs années, calculée sur les notes précieuses qui me sont venues de l'un de mes aïeux, le médecin Rouvroi, comme moi médecin et habitant de Plombières. Son ouvrage, qui a paru en 1685, a été réimprimé différentes fois, et on s'est pour lors contenté de ne donner que les noms de différentes personnes qui, étant venues faire usage des eaux de Plombières pour des maladies très-graves, y avaient recouvré la santé. Je me suis singulièrement aidé dans ma pratique des notes manuscrites de mon parent. Celles également précieuses dont m'a fait part le docteur Courtois, m'ont aussi été d'un grand secours. J'ajouterai avec remerciment, que je dois aussi beaucoup aux sages avis du docteur Deguerre dont j'étais avantageusement connu depuis de très-longues années, et qui, par ces raisons, m'avait appelé à lui succéder. Celles qui en ont décidé autrement sont connues de plusieurs personnes, et je m'en tairai encore.

Il est peu d'eaux minérales sur lesquelles on ait plus écrit que sur celles de Plombières, parce qu'elles sont avantageusement connues depuis plusieurs siècles. Des médailles, des inscriptions trouvées dans les fouilles faites aux différentes époques auxquelles les bains de Plombières ont acquis successivement leur forme actuelle, font connaître l'antiquité de ces bains construits originairement par les Romains, réparés ensuite, selon la tradition commune par un des fils de Clodion, dit *le chevelu*, un des premiers Rois de France; abandonnés ensuite pendant plusieurs siècles, à cause des guerres et des inondations, qui, à différentes époques, ravagèrent le pays; ils furent enfin restaurés vers l'an 1618. Il paraît que jusqu'alors il n'y avait eu qu'un seul bain, dans lequel plusieurs centaines de personnes pouvaient baigner à l'aise, en même temps. On trouva encore des preuves de ces premières constructions dans les fouilles que l'on fit pour celle des arcades en 1761, et celle du bain tempéré actuel, sur partie de l'emplacement d'une maison à mon aïeul paternel, en 1772. On voit encore aujourd'hui dans différentes maisons et ailleurs des parties de constructions romaines; ce sont des espèces de puisards en ciment, d'une solidité et d'une dureté extrême, servant à rassembler différens filets d'eau thermale, qui, ainsi réunis, forment des sources abondantes.

Plusieurs médecins ont, comme je l'ai déjà dit plus haut, écrit avec succès sur les eaux de Plombières (1). Tous sont d'accord sur les propriétés générales; mais les analyses présentent des résultats différens. Plusieurs de ces médecins apportent des observations pratiques; la plupart médecins étrangers, n'en ont pas moins écrit pertinemment sur cette matière, ayant suivi des malades aux eaux. Ils ont rendu en cela d'importans services, et quoiqu'ils ne fussent point médecins inspecteurs des eaux, on n'avait jamais eu la prétention ridicule de vouloir les faire passer pour ineptes à traiter cette matière et à diriger convenablement les malades.

Fixé depuis plus de dix ans à Plombières, j'y ai fait une étude particulière de ses eaux, dans les différentes saisons de l'année. J'ai réitéré mes expériences à différentes époques, cette année encore; je n'ai rien négligé pour les bien connaître et me mettre

───────────

(1) *Les ouvrages les plus connus sont ceux de Camerarius, de Gesner en* 1553, *de Gunthier* 1565, *de Jean-le-Bon* 1576, *d'Antoine Toignard* 1581, *de Berthemin* 1615, *Titot* 1686, *Benniger* 1719, *Bichardot* 1722, *Dunod* 1737, *Geoffroy* 1743, *Giraud* 1745, *et Morel* 1746 *sous la présidence de R. Charles Maloin* 1746, *Lemaire* 1748, *Mengin au dictionnaire de Trévoux*, *Morand* 1757, *Monnet* 1772, *Raulin* 1775, *Nicolas* 1778, *Didelot* 1782, *enfin Martinet* 1791. *Il en est encore quelques autres indiqués imparfaitement dans l'ouvrage du médecin Rouvroi.*

en état d'en rendre un compte fidèle, dans l'espoir de servir la chose publique, et d'être utile aux étrangers qui, venant chercher ici leur guérison, voudraient m'honorer de leur confiance. C'est le fruit d'une étude réfléchie, et d'une expérience qui n'a eu d'interruption que quelques instans *des saisons* des années 1793, 1794 et 1796 (v. st.), pendant lesquels j'étais aux armées de la Moselle ou du Rhin, auxquelles j'ai été attaché pendant quatre ans. L'opinion publique m'a appris que plus de vingt années d'exercice de la médecine et des succès, n'avaient mérité le droit de me placer parmi les médecins dont on estime le suffrage, et peut rechercher les conseils.

J'ai profité des lumières de praticiens connus qui, avant moi, ont fréquenté ces eaux; je me fais un devoir de le publier, et d'assurer de ma gratitude le docteur Kenens, qui est un de ceux qui a suivi le plus constamment nos eaux.

Des notes que j'avais déjà réunies avec mes procédés analytiques, calqués sur ceux du citoyen Nicolas, ayant été égarées avec plusieurs cahiers de traductions dont je m'occupais sur différens points de théorie du docteur Christophe, L. Hoffmann, lors d'une fièvre d'hôpital que j'essuyai à l'armée, il m'a fallu depuis réparer cette perte, ce qui m'a pris beaucoup de temps, exigé beaucoup de travail.

Je m'occuperai dans cet essai, 1.º de la Topographie médicale de Plombières, pour passer successivement à l'examen de ses eaux et de ce qui y est relatif.

2.º En examinant les maladies dans lesquelles ces eaux sont efficaces, nous verrons la manière d'en faire usage, et nous saurons dans quels cas, et quelles maladies elles peuvent être nuisibles.

Je ne crois pas avoir omis quelque chose de ce qui est le plus nécessaire, et si mes lecteurs en jugeaient autrement, et qu'ils voulussent me faire part de leurs doutes ou de leurs observations, je tâcherai d'y répondre d'une manière satisfaisante.

NOUVEL ESSAI SUR LES EAUX MINÉRALES DE PLOMBIÈRES.

PREMIÈRE PARTIE.

PREMIÈRE SECTION.

§. I.er IL est peu d Départemens de la France plus riche en eaux minérales que celui des Vosges, faisant partie de la ci-devant Province de Lorraine. Les plus connues et fréquentées sont celles de Plombières, dont nous allons nous entretenir, viennent ensuite celles *de Bains*, qui en sont à quatre lieues Ouest; celles-ci contiennent, dit le citoyen Nicolas, qui en a fait la dernière analyse, moins de *natron* ou *soude* et de terres que celles de Plombières, et ont moins de calorique. Puis à dix lieues à l'Est se trouve *Bussang*, où il y a des eaux ferrugineuses acidules, que l'on se contente actuellement d'envoyer aux personnes qui en désirent. On en fait, avec succès, un grand usage à Plombières et ailleurs dans plusieurs maladies. (1) Ces eaux sont *surchargées* d'acide car-

---

(1) *L'inspection de ces eaux m'a été enlevée par une grande injustice, ensuite d'une dénonciation sous le faux prétexte de négligence; comme si j'eusse pu m'occuper régulièrement de cette inspection, pendant que j'étais retenu aux armées. Cette spoliation a eu lieu sans que j'aye été entendu; je m'abstiens de réflexions ultérieures.*

bonique ; elles ont fort souvent un goût très-marqué d'œufs couvés, ce qui y dénote alors la présence d'un sulphure. Elles tiennent environ un demi-grain de fer par pinte dans un état de parfaite dissolution, trois grains de natron, environ autant de terre d'alumine, autant de celle magnésienne, et peut-être un peu plus de celle calcaire ; je me crois autorisé à avancer que la petite portion de sel-marin qui s'y rencontre, est un vrai muriate de chaux. Les autres terres sont combinées avec *l'acide sulphurique* ; le *gaz acide carbonique* y est libre. Mes expériences analytiques de ce printemps dernier, sur ces eaux, m'y ont fait retrouver les substances indiquées ici, à de très-légères différences près dans les proportions ; un nouvel examen, *certiorera* mes données. Le docteur Didelot, homme de mérite, malgré ce qu'on a voulu dire, est le dernier qui ait donné sur ces eaux un ouvrage estimé. *Contrexéville*, à environ treize lieues Ouest de Plombières, est très-peu fréquenté aujourd'hui, on fait cependant encore beaucoup usage de ses eaux froides, que l'on transporte. Le docteur *Thouvenel*, si avantageusement connu, en a fait l'analyse, ainsi que le docteur Nicolas ; il paraît, d'après eux, que ces eaux contiennent du gaz, de la selectite du sel-marin à base terreuse, du fer, de la terre calcaire et un peu de sel de sedlitz. (1)

---

(1) *Les autres sources minérales connues dans le Département des Vosges*, se trouvent, 1.° *à Rembervillers*, à 10 *lieues N. E. de Plombières, elle est ferrugineuse, froide et alcaline.* 2.° *A Bruyères, à* 10 *lieues N. froide, ferrugineuse et acidule.* 3.° *A Laval, près Bruyères, froide, ferrugineuse.* 4.° *A S.t-Diez*, 15 *lieues N. E. froide, acidule.* 5.° *A Beignecourt, entre Dompaire et Mirecourt*, 9 *lieues O. froide, ferrugineuse, légèrement gazeuse.* 6.° *A Baudricourt, près Mirecourt*, 12 *lieues O. froide, vitriolico-martiale.* 7.° *A Velotte, près Mirecourt* 11 *lieues O. froide ferrugineuse.* 8.° *A Heucheloup, près Mirecourt*, 12 *lieues N. O. froide, ferrugineuse.* 9.° *A Fontenoy-le-Château*, 6 *lieues O. thermale.* 10.° *A S.t-Mouse, une lieue N. O. froide et ferrugineuse.* 11.° *La chaude-fontaine, près*

§. II. Depuis les changemens considérables, que la succession des temps a amené dans la disposition des bains de Plombières, on n'y trouverait plus aujourd'hui de ressemblance avec la plûpart des descriptions qu'on en a donné. Cette Cité, que l'on place vers le 26.° 11″ de longitude, et 47.° 55″ de latitude, est située à l'extrémité méridionale du Département des Vosges, dont elle fait partie, distante d'Epinal, chef-lieu, de cinq lieues N. trois de Remiremont à l'E. cinq de Luxeuil S. O. dix-huit de Nancy N. O.; trente-six N. de Strasbourg; vingt-deux de Colmar N. E.; vingt-quatre E. de Bâle; dix-neuf S. O. de Besançon. Elle est assise au pied de deux montagnes très-élevées, formant, dans la direction de l'E. N. E. à l'O. un vallon très-serré, qu'arrose et parcourt une petite rivière ou ruisseau nommé *Augrogne*, lequel se jette à six lieues delà, dans une plus considérable, nommée la *Latterne*, qui va se rendre dans la Saone. Ce petit ruisseau est formé de deux sources principales, l'une venant de l'Orient un peu méridional de Plombières, l'autre de l'Est, à environ une lieue de Remiremont et près la route. Une infinité de sources d'eau très-vive, sortant des montagnes et considérablement grossies dans le temps de la fonte des neiges, ou lors des pluies longues du printemps ou d'automne, font souvent alors beaucoup gonfler le ruisseau, dont on n'a cependant plus rien à craindre, depuis les sages dispositions faites en consé-

---

le village de Vécoux, à 4 lieues et dem. E. thermale. Je l'ai trouvée de 32.° de chaleur, et contenir environ quatre grains natron ou soude ; un grain terre calcaire, par pinte, lesquels se trouvent combinés avec quatre grains gaz acide carbonique ; mais je l'examinerai de nouveau, ainsi que la précédente. Ce que j'ai dit des autres, est extrait de ce que différens médecins en ont écrit. Il y en a d'autres encore dans ce département, mais elles sont ou négligées ou inconnues. Nous avons, à une demi-lieue de Plombières, une fontaine dite de Stanislas, *du nom de l'auguste Prince qui la visitait souvent. Je n'ai pas encore des données suffisantes sur sa nature pour en parler cette fois.*

quence, après le fameux orage de 1770, parce qu'à ce moyen, comme on est très-rapproché de la source du torrent et qu'on a donné beaucoup de pente aux eaux, elles s'écoulent promptement.

§. III. Avant d'entrer à Plombières, ce ruisseau fait rouler une superbe papeterie, puis divisé en deux canaux, il entoure une magnifique promenade pratiquée à force de travaux, et ayant quatre rangs d'arbres tilleuls, sur une longueur de près de 600 pas, et environ 80 de largeur. (1) Le ruisseau ayant ensuite fait mouvoir un moulin, s'écoule par un large canal d'une pente rapide sur un fond pavé et cimenté, dessous et derrière les maisons qui sont à la gauche et du côté du midi, et emporte rapidement toutes les immondices ; puis ayant fait rouler un second moulin, et passé au pied d'une petite promenade plantée d'ormes, il va par un canal, dont le bord offre une promenade facile, servir à l'exploitation d'une tirerie de fil de fer. (2)

§. IV. L'eau de ce petit ruisseau, qui est très-propre au blanchissage, est tempérée à sa sortie de Plombières, parce qu'outre les égouts des bains, elle reçoit quantité de sources chaudes qui s'y jettent dans son trajet sous les maisons. On peut la suivre très-loin dans son cours au-dessous de Plombières, où elle va féconder d'excellentes prairies, et son bord fournit une promenade très-agréable et variée, la chaleur de certains jours d'été est tempérée par la fraîcheur des eaux vives et celle de belles forêts,

---

(1) *C'est vers le milieu de cette promenade que se trouve la fontaine ferrugineuse, appelée* Bourdeille *ou de* Soissons, *du nom de l'évêque, qui, le premier, il y a environ trente ans, s'occupa de cette eau précieuse, et fit faire des fouilles qui permirent d'en faire usage. L'illustre* Maret *en tenta l'analyse en* 1777, *mais il n'en fut point satisfait, on ne lui avait pas envoyé assez d'eau, ni du dépôt que laisse cette fontaine à sa source ; j'ai sa réponse à ce sujet.*

(2) *Nous avons à Plombières beaucoup d'excellens ouvriers en différens genres, mais sur-tout en fer, que l'on y travaille avec perfection.*

de Plombières. 15

d'où on arrive à des habitations éparses çà et là dans des sites très-pittoresques, très-variés, par conséquent agréables. Toutes les montagnes qui avoisinent Plombières sont très-élevées, la plûpart escarpées. On a estimé la hauteur de quelques-unes, à 250 toises au-dessus du niveau de la mer : ce qu'il y a de certain, c'est que le baromètre et le thermomètre y éprouvent une variation qui y est relative. C'est au revers de celle qui est du côté du Midi et au bas, que se trouve, à une forte lieue de Plombières, le charmant vallon de Val-de-joie, *Val-da-jol*, qui s'étend très-loin vers l'O. Ce vallon est très-fertile, et le village qui en porte le nom, est composé de plusieurs hameaux que l'on apperçoit sur différens points de la montagne, et d'une infinité d'habitations éparses, ce qui forme une commune très-populeuse de cultivateurs paisibles, qui entoure Plombières du S. O. à l'E. Les autres communes qui forment le canton dont Plombières est le chef-lieu, sont Bellefontaine, à environ une lieue N. dans un terrain bas, humide, s'étendant du N. à l'E. Ruaux à une demi-lieue O. avec quelques habitations éparses. Les Granges-de-Plombières du N. E. à l'O.

§. V. La population de Plombières est considérable, quoiqu'il n'y ait guère que cent trente habitations, dont cent environ au bas des montagnes, et près de quatre-vingt où les étrangers peuvent trouver à se loger dans la saison des eaux. Celles-là, à plusieurs étages, très-bien bâties, avec un balcon au premier, sont très-commodes et tenues avec un soin rare, une propreté qui séduit; mais par-dessus tout, l'affabilité des habitans, leurs attentions pour les étrangers, la douceur de leurs mœurs, les rendent infiniment recommandables. Amis fidèles de l'ordre et de la paix, ils ont su, donnant l'exemple aux communes voisines, se tenir calmes au milieu des commotions violentes de l'orage révolutionnaire.

§. VI La rue du milieu de Plombières est bien espacée ; on y trouve, ainsi que dans celle basse, une espèce de trottoir en pierres de taille plattes, sur lesquelles les plus infirmes peuvent facilement exercer leurs premières forces. Ces pavés règnent le long de la ville, jusqu'à chacune des promenades dont j'ai parlé (§.3). A droite, et exposée au midi, est une galerie d'environ cinquante pas de long, vers le milieu de laquelle est la fontaine chaude dite du *Crucifix* ou *du bain du Chêne*, et dont on fait usage en boisson (1). Des boutiques garnissent en Eté les côtés de cette galerie, dont le haut est habité. La partie qui correspond au-dessus de la fontaine thermale, est un sallon à la disposition entière des étrangers qui veulent s'y réunir en commun, en payant une modique rétribution à la personne qui s'est chargée de l'éclairer, de le tenir proprement, et d'y procurer des tables de jeu si on le désire. Cette destination première a été conservée ; elle fut, ainsi que la dotation de douze lits à l'hôpital, la grande promenade et la construction de la galerie en 1761, un don de Stanislas, roi de Pologne, alors Prince souverain des ci-devant duchés de Lorraine et de Bar, qui, avec un revenu modique, y a laissé, presque par-tout, des traces de sa magnificence, et le souvenir de ses bienfaits.

§. VII. L'hôpital dans lequel ces douze lits étaient établis en faveur des indigens de la ci-devant province, pour le temps de la saison des eaux, et où, à la vérité, ils ne pouvaient rester plus de quinze jours, sans une nouvelle autorisation, avait été établie et avait reçu, pour la fondation de quelques autres lits au même usage, des secours par les anciens princes de Lorraine et par différens particuliers ; en sorte qu'il y a dix ans l'on pouvait déjà y recevoir et entretenir, pendant le temps des eaux, vingt-quatre malades, dans deux salles bien aérées, très-propres et administrées par les ci-devant religieuses de Saint-

---

(1) *Les sources de cette fontaine viennent de dessous et derrière les maisons y attenantes, et sont réunies immédiatement à leur sortie ; elles présentent alors* 40.° *au thermomètre de Réaumur, duquel je me suis toujours servi. Quelqu'ait été le point de sa graduation au-dessus ou au-dessous de Zéro, à l'air athmosphérique, il m'a toujours présenté, à infiniment peu de choses près, les mêmes résultats dans l'examen de nos eaux ; c'est ce que j'ai vérifié de nouveau dans l'hiver, et au printemps dernier, à nos différentes sources.*

Charles.

Charles. Mais ces revenus sont aujourd'hui perdus en grande partie. On y a tenu, à différentes époques, beaucoup de militaires malades, et j'y en ai traité un grand nombre en différens temps. Le bâtiment est isolé, placé sur la gauche de la petite rivière qui en entraîne les immondices; il est situé à la partie supérieure de Plombières, du côté du Sud.

§. VIII. Le grand bain, aujourd'hui nommé *Bain des pauvres*, parce qu'on leur en a assigné un des côtés (qu'on aurait pu, et que l'on pourrait facilement rendre vaste et commode, de manière à y baigner 80 personnes au lieu de 40, en le divisant encore en deux ou quatre cases, de degrés de chaleur différente, mais qu'au lieu de cela on vient de dénaturer par une construction au moins inutile), est situé au milieu et dans la partie la plus évasée de Plombières. Il est le plus considérable de nos bains et présente un bâtiment d'environ 36 pieds de large, sur 60 de long et près de 4 de profondeur, dans la direction de l'Est à l'Ouest. Il est comme divisé en trois parties sur sa longueur; celle de droite est partagée en quatre cabinets, dans lesquels on peut baigner et prendre la douche; ils prennent jour sur le milieu qui est à découvert. Un couloir règne tout autour de ce bain, facilite le passage des bains aux cabinets particuliers de douche qui se trouvent en tête et la communication aux étuves que l'on y trouve au bas, du côté gauche et en tête du même côté. On n'a fait que la moitié de la charité pour les pauvres, en leur abandonnant un des côtés de ce bain; mais heureusement la générosité de quelques étrangers y supplée quelquefois, en leur procurant de quoi se faire donner la douche, lorsqu'ils en ont besoin. Le côté gauche est, comme je l'ai dit, destiné aux pauvres. Ces deux côtés sont couverts d'une voûte solidement construite en pierres plattes et larges, sur lesquelles on peut se promener, et percées en différens endroits, pour y adapter le baquet de douche. Le milieu du bain, de la largeur d'environ 20 pieds, est à découvert et entouré d'une balustrade en fer, pour prévenir les accidens. Du côté de l'Est, on arrive à ce bain par quinze marches à descendre, on y trouve de droite et de gauche à l'entrée du couloir ou corridor, quatre

B

cabinets de douche, de différens degrés de chaleur et séparés par un petit corridor éclairé. Sous ces quatre cabinets sont de chaque côté, une des sources de ce bain, qui est environ neuf heures à se remplir. La source du côté gauche est au 49.° de chaleur du thermomètre de Réaumur, celle du côté droit est au 40.° : du même côté, au bas du bain et près du dernier pilier formant une des cases, est une autre source au 49.° de chaleur. Outre ces sources principales, il y en a encore plusieurs autres, que l'on voit pénétrer dans le bain à travers les joints du pavé de son fond. Au bas de ces grands escaliers, on trouve à gauche la *fontaine froide, savonneuse,* qui sort dans un enfoncement pratiqué dans l'épaisseur du mur d'enceinte. A droite, parallèlement à celle-ci, était une autre source que l'on a négligée et qui s'est perdue depuis assez long-temps. J'ai vu couler dans ce bain d'autres sources froides que l'on a abandonné, mais que l'on y ramenera facilement, si l'on se déterminait à faire dans ce bain les changemens avantageux que j'indique. La température du milieu de ce bain est du 35 au 37.°, mais on ne s'y baigne point; l'eau en est pompée pour le service des douches qui seraient administrées à une température plus égale et selon l'exigence des cas, au moyen d'une construction peu dispendieuse et que j'ai indiquée.

§. IX. Ce bain, le plus ancien de tous, paraît avoir été autrefois le seul, comme je l'ai dit dans l'Introduction. Il fut réduit au commencement du seizième siècle à l'espace qu'il occupe aujourd'hui, après avoir été, à différentes époques, négligé et abandonné pendant des siècles entiers, tant à cause des guerres que des inondations, et enfin d'un incendie qui consuma tout le bourg. Alors, en 1618, on ne reconstruisit que l'enceinte, et on était à couvert dans le bain par des ais ou planches de sapin, qui ont disparu, pour faire place à la voûte sur laquelle j'ai dit que l'on peut se promener. Une belle porte grillée et en fer, placée au haut des degrés, fermait l'entrée du bain à l'E. avant 1770; il y en a encore une à l'entrée de l'O, par laquelle on ne descend que quelques marches aisées.

§. X. Il paraît que ce fut aussi vers le commencement du seizième siècle que l'on construsit le bain dit *des Gouttes*, vulgairement des *capucins*, parce qu'il se trouve vis-à-vis l'hospice que ces religieux possédaient à Plombières. La construction du bain, jadis connu sous le nom de *Bain-du-chêne*, doit avoir eu à-peu-près la même date. L'un et l'autre furent établis sur les débris en ciment de celui originairement construit par les Romains. La galerie ou arcade dont j'ai parlé, a remplacé le Bain-du-chêne, dont il ne reste plus, comme je l'ai dit, que la fontaine thermale dont on boit.

Le bain des goutteux ou des gouttes, n'a acquis la construction actuelle qu'en 1767. Ce bain distant du grand bain d'environ 100 pieds, en a environ 27 de longueur sur 21 de largeur et trois de profondeur. J'ai vu qu'il était extrèmement fréquenté, avant que l'on construisît le bain neuf ou tempéré actuel; il était assez tempéré pour qu'on s'y baignât communément dans le bassin, parce qu'on en détournait à volonté une source très-chaude, appellée *la Quévotte*, qui servait aussi à échauffer deux douches-étuves qui se voyaient encore en 1770 hors de ce bain, en face de sa porte d'entrée; c'était la précaution que faisait prendre mon parent. Aujourd'hui on ne détourne plus cette source, et on a conduit dans ce bain une source froide. J'ai vu dans l'intérieur de ce bain une douche ordinaire, établie sur une sorte de trépied en bois: il serait très-avantageux et facile d'en construire une double en pierre à l'extrémité occidentale et intérieure de ce bain, et prendre occasion de là pour le partager en deux dans sa longueur, ce qui présenterait la possibilité d'y faire baigner le double de monde et l'avantage d'avoir à volonté, comme du passé, un bain de 30 ou 32.° et un attenant de 28, qui serait formé de la seconde case.

On voit aussi dans ce bain, deux voûtes assez vastes pratiquées sous la rue, où l'on pourrait placer si on les tenait convenablement, comme je l'ai vu autrefois, plusieurs baignoirs pour les personnes qui ne voudraient ou ne pourraient pas baigner dans le bassin. On pratiquerait aussi, dans l'épaisseur des murs, formant les culées de ces voûtes, ou toute autre part de ce bain que l'on jugerait plus convenable, des espèces de cabinets pour se déshabiller ou s'habiller. On peut commodément tourner autour du bassin pour le service.

Dans ce même bain est une source qui a son issue par un trou rond, taillé dans la pierre qui la couvre et sur laquelle on fait prendre des bains de vapeurs locaux, sa chaleur est à 40.° On descend de la rue à ce bain par huit marches.

§. XI. Le bain neuf ou tempéré, construit en 1771 et 1772, se trouve entre les deux bains que je viens de décrire. Il communique par sa partie occidentale, où sont placés plusieurs cabinets de douche, au bain des gouttes, par une voûte sous laquelle se trouve à gauche en y allant, un cabinet de douche voûté et assez chaud, pour qu'en certain temps il puisse servir d'étuve. On passe de l'un à l'autre par quatre marches. Ce bain est rempli par différens tuyaux, dont les eaux sont depuis 16.° jusqu'au 38.°; il est de forme carrée, ainsi que son bassin, dont les angles sont un peu arrondis; celui-ci a environ 18 pieds de toute face. Quatre colonnes aussi carrées soutiennent sa voûte en pierre, au milieu de laquelle est une cheminée servant de ventilateur, comme dans le bain des gouttes, afin d'entraîner les vapeurs. Il est très-éclairé de l'E. et du Midi. Son pourtour est garni de cabinets construits en pierre, et dont quelques-uns sont à deux baignoires, ayant chacune deux robinets, l'un d'eau chaude, l'autre de froide. Au moyen d'un agrandissement fait à sa partie extérieure orientale, pour des cabinets qui, précédemment étaient en dedans du bâtiment, on peut placer plus commodément quelques baignoires dans l'enceinte, et l'on a de plus un cabinet pour changer de linge.

C'est dans ce bain que l'on trouve les douches ascendantes, de l'usage desquelles je parlerai ailleurs. On pourrait, je pense, en donnant aux cabinets de douche ordinaire, que j'ai dit occuper la partie occidentale de ce bain, une autre disposition, établir dans partie de l'emplacement qu'ils occupent, un petit bassin, auquel on assignerait un dégré de chaleur, ou intermédiaire entre celle du bain tempéré et celle des deux cases que j'ai indiqué d'établir dans le bain des gouttes, ou au-dessous; ce qui éviterait les discussions qui s'élèvent, chaque année, sur les variations de la température du bain tempéré.

§. XII. Il est incontestable que la même température de bain ne peut pas convenir indistinctement à tous les individus. On sait aussi que celle de 24 à 25°, originairement fixée pour le bain neuf, est celle qui convient au plus grand nombre. Il serait donc important de conserver, dans tous les temps, cette température à ce bain, d'après sa destination, et, pour cet effet, ne pas arrêter les coulans d'eau, ou ne pas les détourner à d'autres usages pendant les heures du bain commun : il y a une si grande abondance de sources de différens dégrés à Plombières ! et on pourrait facilement en conduire à ce bain, si le besoin des baignoires ou des douches l'exigeait. Il est dont indispensablement nécessaire que la température des bains soit *invariablement* fixée ; que, pour ce faire, on ait, d'après mon plan, une graduation de plus dans le bain des gouttes, et comme je l'ai dit, par la suite une autre sur l'emplacement des douches du bain tempéré, afin que les baignans, qui ne se trouveraient pas bien dans l'un, puissent facilement passer dans un autre d'une température plus analogue à leurs dispositions ; et on sait qu'elles peuvent varier tous les jours. Par le moyen que nous indiquons ici, on remédierait aussi à l'inconvénient de l'augmentation de chaleur que les eaux semblent acquérir lorsqu'il doit pleuvoir. Je dis *semblent*, parce que, dans le fait, il n'y a pas d'accroissement de *chaleur thermale*, dans ce moment, comme je m'en suis assuré plusieurs fois, et comme j'en ai convaincu différentes personnes, en leur faisant connaître que cette augmentation n'était que relative à leur individu, et résultait de la modification qu'un dégré de pression plus considérable de l'athmosphère, occasionnait dans ce moment sur elles, en ralentissant, suspendant même la circulation dans les vaisseaux capillaires cutanés et en leur soutirant le fluide électrique.

§. XIII. Chacun de ces bains et leurs bassins, ainsi que celui dont il va être question, est tenu proprement, vidé et balayé tous les jours. Le fond de tous est de grandes pierres plattes, taillées proprement et bien cimentées. On descend dans chacun d'eux par des gradins également en pierre, qui règnent dans leur pourtour et sur lesquels on s'assied, au moyen de quoi on peut s'y plonger plus ou moins, selon l'indication prise de la maladie.

§. XIV. Il y a à Plombières un quatrième bain appellé *Bain-des-Dames*, avec une maison très-vaste, très-commode y attenante. Il est situé à la partie supérieure de Plombières du côté du Midi, en delà de la petite rivière. Le bassin de ce bain est de forme demi-circulaire; deux sources chaudes au $42.^o$, très-abondantes et dont on fait aussi usage en boisson, sortant d'un mur qui forme le diamètre et la section du cercle, servent en partie à remplir ce bain, qui est, ainsi que la maison, une propriété particulière. Outre le bain où il y a aussi des douches, on y trouve encore des salles vastes, bien éclairées, dans lesquelles on place des baignoires, ainsi que dans l'entour du bain, le propriétaire n'ayant rien négligé pour le rendre très-commode.

§. XV. On voit dans la rue du milieu de Plombières, deux cabinets ou voûtes en pierre bien jointes et cimentées, établies au-dessus de réservoirs que remplissent des sources d'eau chaude. Ces cabinets, auxquels on a donné la forme de voûte, parce qu'elle est la plus propre à concentrer les vapeurs, en les rassemblant et leur laissant moins de divergence, ce qui établit un foyer de chaleur, dont l'action acquiert à ce moyen plus d'intensité, en proportion de ce qu'on s'approche davantage du foyer qui est le point de concentration des vapeurs; ces cabinets, dis-je, dans lesquels on prend des bains de vapeurs de tout le corps et que l'on nomme *étuves*, ont le très-grand inconvénient de n'avoir pas un autre cabinet attenant, dans lequel on puisse se déshabiller et s'habiller à l'abri des injures de l'air, ce qui empêche d'en faire usage avec autant de succès dans les temps pluvieux, qui obligent souvent d'interrompre l'usage de ce remède, d'ailleurs tant efficace dans une infinité de circonstances. On eût pu facilement, et presque sans frais, faire disparaître cet inconvénient lors de la reconstruction des maisons attenantes à ces cabinets d'étuve. Le premier se trouve au haut de la rue du milieu et exposé au midi; sa chaleur est à $47.^o$, son entrée vient d'être abritée. Le second, dont le degré de chaleur est de 55.° et de 60 au fond, se nomme l'*enfer*; il est exposé au Nord. Son réservoir ou bassin recouvert, comme pour l'autre étuve, de fortes planches percées ou assez séparées les unes des autres pour laisser passer les vapeurs selon le besoin, se prolonge sous la rue, pour porter la chaleur dans deux autres cabinets-étuves qui se trouvent à la partie inférieure droite du grand bain. Un médecin a annoncé cette communication et la chaleur ou efficacité qui en résulte pour ces deux cabinets, comme une découverte à lui ; cela n'était cependant ignoré de personne à Plombières. On peut recevoir la douche dans toutes ses étuves (1).

§. XVI. Le cimetière, quoiqu'exposé au midi, étant presque au sommet de la montagne, ne laisse rien à craindre des émanations. Les vents de l'E. et N. E. qui soufflent très-fréquemment, entraînent nécessairement tous les miasmes des émanations putrides de ce lieu de deuil. Ce n'est que depuis peu d'années qu'il est placé là, et que l'on a sagement pensé à changer son ancienne position qui avait aggravé et rendu épidémique une fièvre synoque, simple dans son principe.

§. XVII. Il y a beaucoup de boucheries à Plombières, mais elles sont placées près ou sur la rivière, de manière qu'il ne peut rien résulter de fâcheux et d'insalubre ; les viandes qui en sortent sont toujours d'une très-bonne qualité. La police surveille également cette partie.

§. XVIII. Avant d'entrer dans l'examen des eaux et de la cause présumable de leur chaleur, parcourons un moment le voisinage, et jettons un coup-d'œil sur ce qui peut intéresser la curiosité du voyageur et

---

(1) *Près du cabinet de l'étuve d'en haut ou première, on remarque une pierre carrée, sous laquelle est une des sources qui est conduite au bain tempéré, où elle n'a que 47.° tandis qu'elle en présente 56.° sous cette pierre. A vingt pas de-là, sur la gauche et sous une voûte qui conduit au ruisseau, est une source thermale à 48.° servant aux usages domestiques.*

mériter l'attention du physicien. J'ai observé que les vents qui règnent le plus à Plombières sont ceux de l'E. N. E., N. O., S. E., O. Placé au fond d'un vallon serré, dans la direction de l'E. S. E. à l'O. avec une gorge dans la direction du N. E. et deux autres dans celle du Nord, il n'est pas étonnant que les vents qui nous viennent de ces différens points et qui souvent varient dans la journée, impriment à l'air une commotion qui vient porter son influence tonique et vivifiante sur toute la direction de la rue ; ce qui joint à la rapidité de la petite rivière, principalement dans les pluies de printemps et d'automne, dissipe toute insalubrité ; aussi voit-on très-rarement des épidémies à Plombières, et lorsqu'elles y paraissent, elles y sont infiniment moins fâcheuses qu'ailleurs dans le voisinage ; témoin celles de petite vérole et de dyssenterie dans les années dernières. Quant à la complication des vers dans la plupart des maladies aiguës, sur-tout les bilieuses, elle est on peut dire endémique aux pays septentrionaux et humides, et ne fait point de ces maladies une classe particulière.

§. XIX. Nous éprouvons cependant par fois en Eté des chaleurs considérables, qui font monter le thermomètre à 28.° et au-delà et l'y soutiennent pendant plusieurs jours, tandis qu'elles sont moins vives au sommet des montagnes ; la raison en est que l'ardeur du soleil réfléchie par ces montagnes presque arides et par les maisons toutes blanchies, nous placent comme dans un foyer de reverbère ; mais alors aussi le vent venant ordinairement de l'E. ou S. E. depuis les six heures et demie du soir au plus tard, jusques vers les huit heures du matin, rend les matinées et les soirées froides, sur-tout dès qu'il y a eu un peu de pluie. Cette alternation de chaleur du jour et de froid du soir, fait encore que les vapeurs de nos bains et du pays très-aqueux, volatilisées pendant le jour par la chaleur et condensées par la fraîcheur du soir, qui arrive là plutôt qu'ailleurs, à raison de l'élévation des montagnes, acquérant par conséquent une pésanteur spécifique plus considérable, ne peuvent plus être soutenues en l'air, et retombent nécessairement dans une abondance proportionnelle, à la chaleur de la journée et à la quantité d'eau en évaporation. Ceci rend nécessairement *le serein*, l'air du soir extrêmement dangereux pour tout le monde, et en particulier pour les baignans, qui, à une disposition fâcheuse du corps, réunissent alors la dilatation plus considérable des vaisseaux cutanés, sur-tout de ceux qui charient la transpiration et l'irritabilité plus grande de leurs sphincters; d'où résultent, par une conséquence nécessaire, les intranspirations et les maux qui en sont la suite souvent inévitable.

§. XX. L'hiver serait, par la raison de la direction des vents, plus froid à Plombières qu'ailleurs dans le voisinage, si la cause que j'ai expliquée des grandes chaleurs de l'été, ne nous faisait pas jouir de tout le bienfait d'un rayon de soleil. On peut aussi, je crois, ajouter que les émanations chaudes de nos eaux sur les sources et canaux desquelles on marche presque par-tout, tempèrent un peu la rigueur de l'athmosphère. Dans les hivers de 1788 et 1794 (v. st.), le thermomètre n'y est pas descendu plus bas qu'à Paris. Cependant les hivers dévancent d'ordinaire à Plombières et s'y prolongent, à cause de la nature des vents et de la quantité de neiges, qui souvent y couvrent la terre à une grande hauteur. Ceci écarte encore les dispositions prochaines aux maladies contagieuses, en entretenant l'élasticité de la fibre, rendant la circulation libre, et favorisant ainsi toutes les secrétions. Ce n'est pas que les pluies de printemps ou d'automne prolongées, ne puissent y avoir de grands inconvéniens, leur effet relâchant étant encore augmenté par l'humidité chaude particulière à la cité, et que l'on remarque principalement au rez-de-chaussée de toutes les maisons. C'est pour cela que les habitans du pays, ne portant pas assez d'attention à se garantir de l'influence de cette disposition de l'air, sont plus sujets aux suites chroniques des intranspirations, aux affections rhumatiques de différens genres, aux fluxions séreuses, etc. Et si vous ajoutez à cela l'habitude fâcheuse où sont les gens peu aisés, d'aller nues jambes depuis le printemps jusqu'à la fin de l'automne, quel temps il fasse, surtout au sortir des bains, où ils passent une partie du jour pour le service des baignans, vous trouverez la cause des érésipèles qu'ils éprouvent sur ces parties, où elles dégénèrent souvent en ulcères rebelles.

§. XXI. La cause que nous avons assignée du froid plus long, fait que nous n'avons rien à craindre des animaux vénimeux; mais aussi le sol est très-aride, ce n'est qu'une terre légère, sablonneuse, froide, peu végétale qu'on trouve à Plombières et dans le voisinage, ce qui exige beaucoup de culture et d'engrais. Le terrain du vallon du Valdajol, dont j'ai parlé, est beaucoup meilleur et plus hâtif ; c'est de même à *Fougerolles*, village à trois lieues O. de Plombières sur la route de Luxeuil. Ce village, qui a une très-grande étendue, abonde en toutes sortes de bons fruits ; la culture des cerises y est d'un produit considérable par la confection et le débit de la liqueur des cerises (*mérises*) fermentées et distillées, que l'on nomme *Kirsch-wasser*. Les jardins de Plombières pourraient produire de bons fruits, mais on n'y trouve que les légumes les plus communément en usage.

§. XXII. Nos montagnes toutes couvertes de forêts épaisses, il n'y a guère plus d'un siècle, sont aujourd'hui presqu'entièrement défrichées, comme dans la très-grande partie des Vosges. On y voit de tous côtés des habitations éparses, dont les propriétaires cultivent le seigle, l'orge, l'avoine, le sarrasin, les pois, et sur-tout la pomme-de-terre, dont les cultivateurs se nourrissent en très-grande partie, ainsi que de laitage et d'un peu de lard; leur pain est, pour la plupart, de seigle et sarrasin ou avoine ou orge entremêlés. Ils engraissent beaucoup de bétail et de cochons ; on pourrait donner à ce commerce une beaucoup plus grande extension, et pour cela il faudrait donner une autre direction et une impulsion nouvelle à la culture, mais cela exige des soins et des avances. A ce moyen nos terres produiraient aussi de bon bled froment, comme quelques-uns de nos cultivateurs en font annuellement l'expérience. Nous tirons ce grain, dont nos boulangers nous font un pain très-savoureux, très-blanc, ainsi que d'excellentes pâtisseries, d'Epinal, Rembervillers ou Remiremont, où l'on en tient des marchés considérables. On en tire aussi beaucoup de Saint-Loup, à 4 lieues O. de Plombières, ainsi que de Luxeuil, département de la Haute-Saône. Nos vins nous viennent, en très-grande partie, des départemens de la Haute-Saône, du Doubs, de la Côte-d'Or, de la Meuse, Haute-Marne, et quelque peu des Vosges; ci-devant les provinces de Franche-Comté, Bourgogne, Champagne, Barrois et Lorraine.

§. XXIII. Nos montagnes, quoique très-élevées, ne manquent cependant pas d'eau de source, même vers leurs sommets, ce qui y fait établir des maisons et des prairies naturelles. On en voit de belles sur la pente des montagnes, ce qui, avec des masses de taillis de différens bois, telle que le bouleau, le verne, le hêtre, jettés au hasard, diversifie à chaque pas les aspects où l'on découvre aussi à chaque instant des habitations, ce qui satisfait agréablement la vue et dédommage de la peine qu'il faut prendre pour y arriver. Toutes les routes, tous les chemins étant d'un fond sableux et ayant beaucoup de pente, l'eau n'y séjourne pas, et l'on peut, à ce moyen, se promener peu d'heures après la pluie. Par-tout on rencontre des positions pittoresques et variées. Nous avons encore de belles forêts dans notre voisinage, quoique depuis dix ans, sur-tout, elles aient été presque dévastées. Ceci appelle singulièrement l'attention du gouvernement et nécessite des moyens majeurs. Les plus considérables sont au S. E. à l'E. à l'O. et au N. E. Celle de l'E. sont de sapins, les autres sont peuplées de hêtre et de chêne, qui commence à devenir rare. Comme nous avons sur une étendue de quatre lieues du N. à l'O. et très-près de nous, des usines très-considérables et très-nombreuses pour les différentes fabrications du fer, il se fait nécessairement une très-grande consommation de bois que l'on pourrait peut-être diminuer en employant du charbon de terre, que le gouvernement trouverait dans nos environs.

§. XXIV. La petite rivière de Plombières, très-poissonneuse, ne produit cependant, jusqu'à quatre lieues de nous, que de la truite et des écrevisses, qui, pour être petites, ainsi que toutes les autres productions du pays, n'en sont pas moins délicieuses; mais le voisinage ne nous laisse pas manquer, dans la saison, de tout ce qui peut flatter les goûts les plus délicats, soit en gibier, poisson, volaille, légumes et fruits d'une qualité excellente. Nous avons dans la saison beaucoup de framboises, mais sur-tout des fraises de montagnes, qui ont une saveur, un parfum exquis. La mûre sauvage, l'églantier sont communs. Le gibier le plus commun chez nous, est la perdrix, le lièvre devient très-rare; nous voyons aussi quelquefois, mais très-rarement, le faisan, le coq-de-bruyère, la gelinotte, le chevreuil, le sanglier, parce que nos forêts étant trop élaguées, trop fréquentées, ne permettent pas à tous ces animaux de s'y tenir habituellement : il nous en vient, dans la saison, soit de Remiremont, Bruyères, Gérardmer (1), ou des autres grandes montagnes des hautes Vosges. Les loups et les renards sont heureusement, pour les cultivateurs de notre voisinage, devenus beaucoup plus rares depuis quelques années.

§. XXV. Outre les plantes les plus usuelles en médecine et que l'on trouve ici, nous en possédons de très-précieuses qui ne se trouvent pas aussi abondamment en beaucoup d'autres endroits. La première, assez commune, pour que de son usage primitif lui soit venu le nom de tabac des Vosges, est *l'arnica*, *Bétoine des montagnes*, excellent incisif et tonique, employé avec succès dans certains cas de stagnations ou d'épanchemens séreux ou sanguins, comme aussi dans beaucoup de circonstances de dyssenteries. J'en ai tiré, dans ces cas et d'après le célèbre *Zimmermann*, un très-grand parti dans ma pratique particulière et aux armées. Vient ensuite le *Raisin-d'Ours-Bousserole*, *Uva-ursi*, si avantageux dans une infinité de

---

(1) *Ce village, un des plus anciens des Vosges, situé à 8 lieues E. de Plombières, est remarquable, 1.º par un lac d'environ 3 lieues de circuit ; 2.º par deux autres aussi considérables à peu de distance de là ; 3.º par différentes mines ; 4.º l'industrie de ses habitans, qui font un très-grand commerce de boîtes et d'ustensiles de bois sapin, et celui de leurs fromages très-connus à Paris sous le nom de Géromé, qui au surplus est une des branches du commerce de toutes les hautes Vosges où il se prépare en très-grande quantité.*

maladies des voies urinaires ; le *Nerprun*, la *Scolopendre*, la *Scabieuse des prés*, le *Poligala*, la *Digitale pourprée*, le *Putiet*, *prunus padus*, qui, ainsi que la *Bénoite*, *Cariophillata*, remplacent si avantageusement le *Kina*, sans avoir aucun des inconvéniens des autres sophistications de ce médicament rare aujourd'hui. On pourrait aussi employer avec succès, comme amer, une espèce de *Teucrium*, assez commun dans notre voisinage. Le *Génévrier* abonde sur nos montagnes, ainsi que le *Genet*. L'extrait des bayes du 1.er est avantageusement connu dans certaines dispositions morbifiques de l'estomac, ainsi que la boisson de son infusion fermentée, qui est une espèce de *Sapinette* ; mais on abuse de cet extrait en l'employant indistinctement, ainsi que son infusion spiritueuse. On fait de même d'un petit fruit annuel, en grêlot, noir quand il est mûr, un peu plus gros que le genêvre, ayant des pepins ou semences, un ombilic ; il conserve mûr une partie de sa qualité acerbe ; ce qui le rend astringent, il est aussi un peu acide, c'est l'*Airelle* ou myrtil. On le nomme vulgairement *Brunbelle* dans le pays ; comme anti-scorbutique, il pourrait être avantageux ; mais les pauvres en mangent cru avec excès, dans les mois de messidor et thermidor ; ils en font cuire aussi pour l'hiver. Ils vendent au-dehors celui qu'ils font sécher au soleil et qui sert à teindre les vins blancs. Les gens de la campagne, font aussi imprudemment usage du *rob-de-sureau* qu'ils préparent eux-mêmes.

Au-dessus de nos montagnes, on trouve des tourbières ; il y en a de considérables en exploitation des deux côtés de la route qui conduit à Épinal ; mais cette exploitation mal faite, exigerait l'attention de l'administration ; la rareté du bois en impose la loi (1) ; d'ailleurs, la tourbe peut servir à plusieurs sortes d'atteliers existans ou à former, lorsque l'on connaîtra bien les mines de différens genres qui existent dans

---

(1) *On doit savoir que la tourbe se reproduit, et que pour cela, il faut replacer dans les excavations faites pour la tirer, la terre qu'on a été obligé d'en enlever ; que sans cette précaution une tourbière s'épuise.*

nos montagnes, celles de notre voisinage et dans toutes nos Vosges (1). Il y a quelques années que l'on avait commencé au Valdajol, dans la montagne qui sépare ce vallon du nôtre, des fouilles qui promettaient une mine de fer et de charbon de terre. Il y en a une de fer en exploitation à cinq lieues O. Nous avons une mine de cuivre et argent au Thillot, à 7 lieues E., mais on la croit peu abondante. On en trouverait je pense une de fer près de l'*Epange*, à 4 lieues E.; une de *Plombagine*, entre Remiremont et Plombières. On rencontre des espèces d'agathe, des sortes de pétrifications à *la Vêche* près d'Herrival, et bien sûrement les montagnes des Vosges mieux connues présenteront des choses précieuses aux naturalistes et à l'état.

J'ai dit (§. 21.) que le sol de Plombières et du voisinage est en général sablonneux; on y trouve de plus du granit, de la baryte, des silices, du quartz, de la terre gypseuse, de l'argile, du schiste; on y trouve aussi, et particulièrement dans les endroits qui font les lits sur lesquels coulent les eaux chaudes, une pierre d'un genre particulier, dont M. M. Lemaire et Morand ont parlé. C'est, dit ce dernier, un fluor spatheux, diaphane, composé de molécules formées pour la plupart en lozanges et formant quelquefois des masses pierreuses de différens dégrés de dureté. Ce

---

(1) *J'y connais peu de personnes qui s'occupent assez d'histoire naturelle pour être en état de nous donner une bonne minéralogie. Le docteur Gérard, à Saint-Diez, possède bien assez de talens et de connaissances pour cela ; la partie des Vosges qu'il habite, fournit assez aux recherches que peut lui permettre le peu de temps que lui laisse une pratique aussi étendue qu'éclairée. Les connaissances que possède dans cette partie un jeune Citoyen, apothicaire à Remiremont, peuvent aussi faire espérer beaucoup. Mais le professeur d'histoire naturelle à l'école centrale du département, pouvant faire des excursions autorisées par le gouvernement, est plus qu'un autre à même de remplir l'attente des amateurs ; son mérite personnel donne d'ailleurs cet espoir.*

qu'il y a de certain, c'est qu'on en trouve de blanc, de vert, de violet, que mis, non par grains, mais en morceaux, sur des charbons ardens ou du fer chauffé au blanc, il brille de différentes couleurs, selon celle qui est particulière au morceau employé pour l'expérience, et finit par une sorte de détonation et faire disparaître la couleur qu'avait le morceau de cette pierre avant l'expérience. Le brillant que rendent ainsi ces pierres, n'est point une flamme comme Dom Calmet et Lemaire l'on pensé, mais est à l'instar du phosphore, comme l'a dit M. Morand, qui attribue les teintes ou couleurs différentes de ces pierres à une combinaison accidentelle de vapeurs ou rouilles minérales. Nos rochers sont, comme par-tout ailleurs, ou de première création, ou composés de différentes pierres et terres réunies par amalgame. C'est aux naturalistes à nous donner là-dessus des détails que ne peut au surplus admettre un ouvrage comme celui-ci.

SECONDE SECTION.

§. XXVI. Avant d'entrer dans l'examen des eaux minérales de Plombières, il ne paraîtra peut-être pas déplacé de présenter quelques notions préliminaires sur l'Eau en général.

L'on a cru long-temps que l'eau était un principe élémentaire de la nature; Galien l'avait dit un composé, et on en a jugé ainsi depuis que, grace aux génies des hommes célèbres qui nous ont enrichi de leurs vastes connaissances, la chimie a fait en peu d'années des progrès aussi admirables que rapides.

§. XXVII. On peut, je crois, définir l'eau pure, proprement dite, un corps sans couleur, rarescible, élastique, (*Zimmermann* et *Monges*) insipide, inodore, qui a la propriété de mouiller tout ce qu'il touche, et ordinairement fluide. Je dis *ordinairement*, parce qu'on la trouve quelquefois à un état de solidité ou glace, qui est son état naturel, parce qu'alors elle est privée du calorique avec lequel elle est toujours combinée, lorsqu'elle est sous forme liquide ou gazeuse. (*Chaptal.*)

§. XXVIII. C'est, en effet, une vérité démontrée,

que le fluide igné, le feu principe que nous nommons *Calorique*, ce principal agent que la nature emploie pour balancer le pouvoir de l'attraction mutuelle des corps, dont l'effet naturel est de n'en produire que de solides et compactes, est la cause de ce plus ou moins de consistance, de solidité des corps selon qu'il y est en déficit ou qu'il y abonde; en sorte que l'état liquide est le point d'équilibre entre l'attraction qui condense et le calorique qui sépare, volatilise, lorsqu'il est en excès. Le fluide électrique duquel l'eau tient aussi sa fluidité, a un grand rapport avec le calorique, et en produit souvent les phénomènes.

Le calorique, ce feu principe élémentaire, est toujours ou dans un état de liberté ou dans celui de combinaison; dans le premier cas, le calorique se répartit dans les corps d'après ses degrés d'affinité avec eux; dans le second, il constitue les vapeurs, les sublimations; appliqué à l'eau, par exemple, le mélange de ces deux fluides s'échappe en vapeurs dans l'athmosphère. C'est un principe que tout corps qui passe de l'état solide à celui liquide, ce qui constitue *la Chaleur latente*, ou de ceux-ci à l'état aériforme, absorbe du calorique et n'est mis et soutenu dans cet état que par le calorique qui y est uni. C'est par cette affinité extrême que le calorique se combine si particulièrement avec l'eau qui l'attire d'autant plus puissamment, qu'elle lui présente plus de contact, par l'effet même de sa divisibilité par la chaleur; y reste uni autant de temps, peut s'introduire si facilement dans le corps humain et y développer ses effets (*Chaptal*).

C'est encore par sa tendance à la combinaison avec les fluides, qu'uni avec la transpiration, la sueur, il est entraîné hors du corps, qui, sans cela, en serait bientôt détruit par sa surabondance. On voit que dans les fièvres où la chaleur est caractérisée, le corps n'est ramené à sa température ordinaire, que par les sueurs qui entraînent avec la matière morbifique, une portion surabondante du calorique. Les ouvriers employés dans les fonderies, les verreries, etc. vivent, dit encore *Chaptal*, dans un milieu plus chaud que leur corps, qui est entretenu à une chaleur égale et modérée par la sueur, à laquelle ces hommes fournissent par une

boisson

boisson copieuse. (*Voyez aussi la lettre du célèbre Francklin au docteur Lining*).

§. XXIX. L'eau combinée dans les corps où on la trouve en plus ou moins grande quantité, concourt à leur donner la dureté, la transparence. C'est à elle que quelques corps, les acides, par exemple, doivent leur fixité. Elle est dans tous les corps ou dans l'état de mélange, et alors, sensible à l'œil, elle rend les corps humides et peut en être dégagée facilement ; ou elle est dans un état de combinaison, et alors elle ne présente aucun caractère qui annonce son mélange. C'est sous cette forme qu'elle réside dans les mines, les crystaux, les sels, les plantes, les animaux ; sous ces différens points de vue, l'eau peut être considérée comme le ciment de la nature.

§. XXX. C'est à une sorte de sublimation ou distillation naturelle (§. 28) qu'opère la chaleur du soleil, en élevant en vapeurs l'eau qui se trouve à la surface du globe et dans les corps, qu'il faut rapporter le passage alternatif de l'eau de son état liquide à celui de vapeurs, de brouillards, de nuages, par l'effet de sa rarescibilité, d'où résultent la rosée, le serein, la pluie, le givre, et qui produisent, en retombant sur la terre et l'arrosant, lorsque le calorique excédant les a abandonnés, les sources, les rivières. Ces eaux sont, en conséquence des lieux qu'elles parcourent, plus ou moins propres à appaiser la soif, et en général les caractères des eaux potables sont les suivans :

1.º Une saveur vive, fraîche et agréable ;

2.º La propriété de bien cuire les légumes ;

3.º La vertu de dissoudre le savon sans grumeaux.

§. XXXI. Plus les eaux sont agitées, plus elle se combinent avec l'air athmosphérique, plus aussi elles sont saines ; de-là vient que la neige, la glace, les eaux qui proviennent immédiatement de leur fonte, désaltèrent moins bien, participent moins des qualités ci-dessus indiquées, sont moins saines, produisent des goëtres, etc. L'eau de puits est en général plus indigeste, porte avec elle une espèce d'adstriction d'autant plus considérable, que cette eau, en filtrant à travers les terres, a plus entraîné de parties hétérogènes d'où résulte la différence de sa couleur, de son goût. Les eaux stagnantes sans écoulement, sont les

C

plus mal saines, elles sont troubles, d'une odeur vapide, d'un goût bourbeux, se corrompent facilement, ne sont propres à aucun usage; mais celles-là, surtout, entraînant avec elles des débris des animaux, des végétaux qui y séjournent, déposent dans la terre du soufre, des alcalis et fournissent à la formation de différens gaz (1).

§. XXXII. L'eau la plus pure, l'eau distillée est, comme je le disais, un corps, un composé, puisqu'on peut la former par la combinaison de l'air vital ou oxigène, et de l'hydrogène ou air inflammable, et qu'elle se réduit entièrement dans ces deux gaz. Cette analyse de l'eau est rigoureusement démontrée, et nous voyons les phénomènes de la nature et de l'art se réunir pour nous convaincre de cette vérité. Priestley, Kirvan avaient annoncé que l'eau contenait de

---

(1) *Ce n'est pas dans un ouvrage du genre de celui-ci que je puis me permettre d'entrer dans l'examen des effets résultans de l'attraction continuelle des molécules de la matière entre elles, et de la réaction, du calorique dont j'ai parlé (§. 28). Il suffit, je crois, de dire que cette action, cette réaction sont dans un mouvement, une activité continuelle; que c'est de leur effet mutuel que résulte la destruction de certains corps, pour la formation de nouveaux : que cette destruction, cette formation nouvelle ne peuvent s'opérer sans qu'il se dégage un fluide aériforme, que l'on nomme Gaz; qu'il n'en est que trois primitifs, l'oxigène, l'hydrogène, le nitrogène ou azote; que tous les autres sont des modifications de ceux-ci, qui s'y rencontrent toujours dans des proportions variées; que c'est le calorique qui développe, tient à l'état aériforme les substances gazeuses qui l'abandonnent, dès qu'elles trouvent des corps avec lesquels elles ont une affinité plus particulière; que le calorique ainsi chassé, constitue la chaleur libre ou thermométrique.*

Il faut voir sur un sujet de cette importance, le Traité chimique sur l'air et le feu, par le célèbre Schéele. — Si je n'avais écrit que pour mes confrères, je me serais dispensé de cette note, qui peut n'être pas indifférente pour mes autres lecteurs.

l'air. Macquer, et Lamétherie, que la combustion de l'air inflammable produisait beaucoup d'eau; mais Lavoisier, l'immortel Lavoisier, a porté par son génie la démonstration la plus lumineuse sur ce point de doctrine; il a prouvé, avec Mongez et Meusnier, que la totalité de l'eau pouvait être convertie en hydrogène et oxigène, et que la combustion de 84 un quart parties d'oxigène et de 15 trois quarts d'hydrogène, produisaient un poids d'eau égal à celui de ces deux sortes d'air, c'est-à-dire 100.

§. XXXIII. Lorsque la nature nous présente des eaux chargées de matières étrangères, plus ces matières sont abondantes, plus les eaux ont un goût particulier qui les caractérise, ainsi que la couleur et l'odeur, ce qui rend quelques-unes peu désagréables et insalubres et fait autant d'espèces variées, qu'il y a de matières différentes tenues en dissolution en plus ou en moins, soit par l'eau elle-même, soit par l'intermède d'un corps quelconque.

§. XXXIV. Les eaux simples sont les plus communes. On s'est assuré qu'elles ne pèsent qu'environ 70 livres par pied cube, et l'on peut, d'après ces données certaines, s'assurer que plus une eau s'éloigne en moins de ce poids, plus elle est simple, plus elle est pure et réciproquement; en sorte que celle qui le serait assez pour lui ressembler, serait un phénomène inconnu jusqu'à présent. Mais la chimie nous apprend que l'on découvre des résidus salins ou terreux, dans l'eau simple proprement dite et réputée ne pas contenir de substance étrangère. L'eau qui coule sur la surface de notre globe, l'eau de pluie même, n'est jamais pure.

§. XXXV. La différence essentielle de l'eau est donc, 1.° d'être fluide ou concrète; cette dernière espèce constitue le givre, la neige, la glace. L'Etat liquide rend la force d'aggrégation de l'eau moins puissante, et elle se combine plus facilement sous cette forme avec les autres corps; 2.° les simples ou composées; 3.° les froides ou chaudes. Les froides et simples sont les eaux de rivière, de fontaine, de puits, servant aux usages et à la boisson habituelle; les eaux minérales sont les composées froides ou chaudes, mais ces dernières retiennent en particulier le nom de thermale. En général elles sont insipides, limpides, très-légères et simples, comme sont celles de Plombières, où elles se font remarquer ou par leur odeur, ou par un goût particulier, ou par une couleur, comme celles de S.t-Amand, d'Aix-la-Chapelle, de Bourbonne, de Spa, de Sedlitz, de Baden, etc. ou sont plus pesantes, comme on croit celles de Luxeuil; ou bien elles contiennent beaucoup de matières éthérées, comme celles de Pfeffer en Suisse; différence qui leur vient de ce qu'elles contiennent plus ou moins de parties étrangères; ou peut-être, de leur plus ou moins de proximité du foyer, ou amas des substances d'où elles tirent leurs qualités.

§. XXXVI. Mais ce serait trop m'éloigner de mon but, si j'entrais dans les détails que comporteraient les différentes espèces d'eau simple ou d'eau composée. Je n'ai voulu que présenter succinctement des généralités, pour arriver, par cette marche qui m'a paru plus régulière, à l'examen des eaux minérales et thermales de Plombières.

§. XXXVII. Les anciens ont été extrêmement attentifs à se procurer une bonne eau pour boisson. Nous voyons que les Romains, forcés de séjourner long-temps, ou même de s'établir dans des lieux arides, n'épargnaient rien pour se procurer de la bonne eau et des bains. On peut voir dans HIPPOCRATE de *Aëre locis et aquis*, ce que peuvent l'observation et le génie sur des matières de cette nature. Ce grand homme, dont on se fait une idée si imparfaite, en ne le considérant que comme le patriarche de la médecine, connaissait si bien l'influence de l'eau sur le corps humain, qu'il prétend que sa seule boisson peut modifier et différencier les hommes entre eux, et il recommande aux médecins de s'occuper sur-tout de reconnaître la nature des eaux dont ils doivent faire usage. (*Chaptal*).

§ XXXVIII. C'est à la révolution étonnante que les *Schéele, Priestley, Lavoisier, Bergmann, Mongez, Bertholet, Crawford, Sage, Macquer, Laplace, Meusnier, Morveau, Chaptal, la Metherie, Kirvan, Fourcroy*, etc., etc. ont imprimé à la chimie, que l'on doit le degré de perfection auquel l'analyse est portée aujourd'hui. L'odeur, le goût, et sur-tout les effets sur l'économie animale, ont été pendant long-temps les seuls signes d'après lesquels on prononçait sur la nature des eaux. Leur analyse est un des problêmes les plus difficiles de la chimie, par la réunion des connaissances qu'elle exige. Aussi, tout en annonçant mes opérations et leur produit comme calquées sur les instructions prises dans le célèbre Chaptal, je suis loin de prétendre que l'on ne puisse pas faire mieux que je n'ai fait en suivant un si bon guide ; car, pour être assuré d'une réussite complette, il faut être extrèmement exercé dans les opérations de la chimie, et ne s'occuper que de cette partie. Ce que l'on a écrit depuis quelques années sur nos eaux, de relatif à cette partie, ne contient rien, d'après les notions que la chimie nous a fourni depuis plus de dix ans. L'amour de mon devoir m'a fait braver les difficultés ; c'est le fruit de mon travail seul que je présente. Le censeur malévole, pourra seul exercer sa malignité ; mais mes confrères impartiaux me jugeront sûrement sans aigreur, et voudront peut-être m'accorder quelque suffrage et me donner un gage de leur estime à laquelle je tiens tant, en rectifiant ce qui leur paraîtrait erroné.

§. XXXIX. Dans mes opérations analytiques sur les eaux de Plombières, j'avais, au printemps de 1792 (v. st.) suivi pas à pas celles du docteur Nicolas, chimiste distingué, que j'ai connu à Nancy, et que son mérite avait porté depuis à la chaire de chimie pour l'école de santé de Strasbourg. J'avais commencé de les réitérer, sur les mêmes principes, vers la fin de l'automne de l'an 2, lorsque je fus obligé tout-à-coup d'interrompre mon travail pour me rendre à l'armée, où déjà j'avais été appelé au printemps précédent ; les notes de mon premier travail s'y trouvèrent égarées, et je ne pus reprendre le second et le continuer qu'en l'an 5, dans l'hiver. Je ne fis point de distillation, et n'ayant pas de vaisseaux assez considérables, je ne pus faire que des évaporations partielles, jusqu'à la concurrence de celle totale du professeur Nicolas ; mais j'obtins un résidu beaucoup plus considérable, que j'attribuai, en partie, à la cendre et à la poussière, etc. qui sans doute, contribuèrent à me faire trouver une différence dans la quantité du fer et celle de la terre. Il n'y avait qu'une nouvelle analyse qui pût rectifier mes idées, si toutefois elles étaient fausses; car je savais d'ailleurs que M. *de Haën* n'avait pu trouver deux fois de suite les mêmes résultats dans les analyses souvent réitérées de mêmes eaux. Les procédés indiqués par le célèbre professeur de Montpellier, m'ont paru si simples, conduisant à des résultats si certains, que j'ai cru ne pouvoir mieux faire qu'en suivant un tel guide.

§. XL. On a vu que, pour juger sainement de la nature et des propriétés d'une eau, il faut, 1.° faire attention à ses qualités extérieures et sensibles; 2.° à la nature des terres qu'elle parcourt. Nous connaissons celles-ci par ce qui est dit au (§. 25); examinons donc les qualités que l'on reconnait dans celles qui font l'objet de cet essai.

1.° Les sources thermales très-limpides, onctueuses, douces au toucher, n'ont rien de désagréable au goût; elles diffèrent par le degré de pesanteur et de chaleur. Cette différence ne me paraît venir que du plus ou moins d'éloignement du lieu où elles ont reçu le surcroît de calorique, à celui où elles sourdent, peut-être encore d'un peu d'eau froide qui s'y mêlerait dans leur trajet.

2.° La fontaine savonneuse, dont on fait usage en boisson et dont nous avons indiqué le goulot, est fraîche, sans être froide comme l'eau commune, limpide, elle n'a pas d'odeur, mais un peu de goût austère, est onctueuse au toucher (1). Il y en a de la même espèce

---

(1) *La source de cette fontaine est rassemblée dans une espèce de cave, au-dessus de la porte d'entrée de laquelle il y a une inscription latine qui reporte à l'an 1777 la reconstruction de ce bâtiment que l'on voit sur la route de Luxeuil, en sortant de Plombières. On trouve attachée au rocher dont elle sort, une sorte de concrétion, qui est une matière ou blanche ou mélangée de blanc, de brun, qui paraît être du chiste, de la terre d'alumine ou quartzeuse molle, dont l'eau se dépouille; on en peut souvent détacher des morceaux considérables et durs. La partie du rocher qui*

dans quelques maisons particulières ; une entre autres, très-abondante, dont on faisait beaucoup usage autrefois, dans le jardin ci-devant des capucins : la plûpart rendent un peu de vapeurs en hiver ; il y en a de différens degrés de température, depuis 11.° comme celle dont on boit jusqu'à 16.°

3.° La fontaine ferrugineuse, appelée *Bourdaille* ou *de Soissons*, située, comme nous l'avons dit, vers le milieu de la grande promenade, est très-fraîche, très-limpide, a un goût austère et un arrière-goût d'œuf couvé assez désagréable. Elle dépose promptement un sédiment ochreux, que l'on voit abondant au fond d'un petit bassin où elle coule ; reçue dans une bouteille, on voit de petites bulles en parsemer le fond et s'en élever, ce qui annonce un gaz assez abondant ; elle a de plus l'odeur de foie de soufre, qui est moins remarquable, ainsi que son goût austère, lorsqu'il a beaucoup plu ; elle a toujours 12.° au thermomètre.

§. XLI. J'ai fait, à différentes époques de l'année et j'ai renouvelé tous les ans, depuis plus de dix que je suis domicilié à Plombières, l'essai du poids, ainsi que de la chaleur de nos eaux, et je me suis convaincu qu'elles n'éprouvent, sous ce rapport, aucune altération, non plus que sous celui de leur abondance : elles mettent autant de temps à froidir que l'eau distillée échauffée à leur degré de chaleur, et, dans cet état, elles n'entrent pas plus promptement en ébulition l'une que l'autre. L'eau distillée ne bout pas plutôt que l'eau des fontaines ferrugineuse ou martiale savonneuse et thermale, toutes ces eaux dissolvent très-bien le savon, cuisent également bien les légumes, quoique l'on ne se serve, pour cet usage, que des eaux froides communes. Une de celles-ci, entre autres, d'une saveur fraîche, vive et d'une très-grande pureté, est celle dont les habitans se servent habituellement sur leur table, et que l'on nomme la *fontaine-godé* ; elle marque trois quarts au-dessus de zéro au pèse liqueur.

---

est mouillée de la superficie de l'eau, parait être couverte d'une espèce de créme grise, qui est sans doute le principe de la formation de cette terre, qui se trouve dans toutes les sources savonneuses.

§. XLII. On remarque quelquefois dans l'eau thermale servant à la boisson, des petits atômes brillans, flottant dans le verre, que l'on a dit, être des particules de *mica* entraînées ; mais comme on n'en remarque absolument rien dans le verre où on laisserait reposer l'eau, ni dans le bassin qui reçoit constamment l'eau sortant du goulot, j'incline fort à penser que la quantité de ces particules atomales est un effet d'optique qui n'a presque rien de réel, et ne sont qu'un peu de *talc*, formé, comme on sait, de magnésie, de silice et d'alumine, abondans dans nos terres. On observe dans le bassin du grand bain, qui ne se vide que rarement en hiver, une matière verdâtre qui surnage et se trouve aussi au fond, où elle a moins de consistance ; elle est rameuse, mince, et examinée à la loupe, ne paraît être autre chose qu'une plante insecte, un sorte de polype qui, exposée convenablement au soleil, fournit beaucoup d'oxigène ; elle y contracte promptement une odeur infecte ; elle m'a fourni quelques atômes de fer. Appliquée extérieurement, elle m'a paru agir en astringent.

§. XLIII. Un médecin a prétendu que la recherche sur la cause de la chaleur des eaux, *importait peu par rapport à l'effet qu'elles produisent*. Cette opinion, est évidemment fausse ; car les effets du calorique sur les corps sont certains, comment donc en connaitre la mesure ? comment rendre raison de ces effets ? comment en faire une application juste ? En second lieu, si on s'en était tenu aux premières connaissances acquises, si on n'avait point recherché les causes de beaucoup d'effets, où en serait aujourd'hui la Physique, la Chimie, la Médecine, et toutes les sciences ? Il y a toujours de l'avantage à retirer de la recherche d'un point disputé ; car du choc des opinions sort souvent la vérité, et la science ne peut qu'y gagner. Il y aurait, dit un Savant, moins d'inconvénient que des observations frivoles fussent répandues par milliers, qu'il n'y en aurait de voir un seul fait important perdu.

§. XLIV. Il est incontestable que de la connaissance des principes ou des matières qui contiennent les eaux minérales, résulte celle de leurs propriétés. Il est également vrai que l'effet qui a constamment résulté de leur usage, contribue avec l'examen des lieux d'où elles sortent, à faire connaître la cause de ce phénomène.

§. XLV. Lors du tremblement de terre qui, en 1682, se fit sentir à Plombières, comme dans les Vosges, et en beaucoup d'autres pays, nos eaux chaudes n'éprouvèrent, à la vérité, aucune altération sensible; mais la plúpart des froides prirent tout-à-coup une teinte blanche, qu'elles perdirent peu après. Cette teinte ne venait-elle pas des terres alumineuses, quartzeuses, ou siliceuses délayées, de celles calcaire et magnésienne qu'elles contiennent? Cela est probable. Car l'oxigène se déplaçant alors, les terres calcaires et de magnésie, etc. dûrent se précipiter (*Chaptal*).

Je me rappèle qu'à l'époque de l'inondation de 1770, le fond de Plombières se trouva couvert d'un limon noir, gras, d'une odeur très-fétide. J'ai su depuis, qu'il y avait eu au S. E. une ravine qui s'ouvrit, et qui sans doute, avait fourni ce limon. Le docteur Courtois dont j'ai parlé, m'a dit avoir examiné ce limon, qu'il le trouva inflammable, rendant une flamme bleue; que traité avec le carbonate de potasse, il lui fournit un véritable sulfure de potasse. Dans les temps froids et humides, d'où résulte, comme on sait, la condensation des vapeurs, on remarque dans l'intérieur des bains, mais mieux dans les étuves, une odeur particulière, désagréable et puante, propre au gaz hydrogène qui ayant la propriété de dissoudre le soufre, contracte par ce moyen, cette odeur fétide, qui est le *gaz hépatique* lequel, comme on sait, doit être dissipé par la chaleur et l'agitation. Mais de ce qu'on ne remarque pas que nos eaux thermales aient d'une manière très-prononcée et très-forte, cette odeur du gaz hépatique, il ne faut pas conclure qu'elles n'en sont point imprégnées, mais seulement qu'il n'y est plus en abondance, lorsqu'elles nous arrivent.

§. XLVI. En réfléchissant que le soufre, ce principe élémentaire, naît de la décomposition des végétaux et des animaux, que nous avons en différens endroits de nos montagnes et du voisinage, des tourbières dans lesquelles il est reconnu que cette composition est très-abondante et dont le résultat est entraîné par les eaux dans l'intérieur de la terre; et lorsqu'on considère d'un autre côté que le soufre est en abondance dans les mines de charbon de terre, qu'il est dans la baryte, que l'hydrogène résultant de la décomposition des pyrites, dont nos montagnes et celles du voisinage abondent, contient du soufre en dissolution ; que c'est-là, comme je le disais à l'instant, une des propriétés générales de ce gaz (§. 45.), comme aussi, d'imprégner l'eau, de s'y dissoudre même en petite quantité, mais de se dissiper par la chaleur ; lors, dis-je, que tous ces faits se réunissent pour prouver la présence du *gaz hépatique* dans nos eaux thermales, pourquoi se refuserait-on à les croire légérement hépatisées? Mais il y a plus, l'analyse y démontre la présence de l'acide sulphurique.

§. XLVII. C'est une vérité démontrée et par conséquent reconnue, que par-tout où il y a des eaux chaudes, il y a des filons de charbons de terre très-sulphureux, des amas de pyrites faciles à se décomposer ; que les cavités que l'on reconnaît en marchant et qui rétentissent, sont un indice de pyrites et de mines de crystal de roche, où l'on trouve aussi des pyrites. Mais tout cela se rencontre autour de Plombières, dans les environs et dans presque toutes les Vosges. Il ne me paraît pas nécessaire, d'après ces données certaines, de recourir à une fermentation de laquelle au surplus les auteurs auraient dû indiquer les produits, puisqu'ils ont dit en avoir vu les traces, pour expliquer la cause de la chaleur thermale. Mais cette fermentation, cette déflagration que l'on invoque et qu'on n'a point expliquée, n'est, dans le fait, autre chose que la décomposition naturelle des pyrites, de laquelle il est constant que résulte nécessairement le développement du calorique dans l'eau, et qui peut lui en imprimer un degré suffisant pour la mettre en ébulition, comme on le voit dans certaines eaux thermales.

§. XLVIII. Il est de principe, 1.º qu'il n'y a jamais combustion sans oxigène ; 2.º que dans toute combustion il y a dégagement de chaleur ; qu'alors le calorique devenu libre, par la fixation de l'oxigène sur les corps, se combine avec les substances à sa portée, c'est ce qui arrive à l'eau dans la déflagration ou combustion des pyrites. Personne n'ignore que l'eau des réservoirs immenses de l'intérieur de la terre entretenus par les pluies, etc., produit les sources, les fontaines, les rivières ; mais une portion de cette eau s'écoulant près des mines de pyrites, sert par l'oxigène qui fait une de ses parties constituantes, à la déflagration que celui-ci développe et alimente dans les pyrites, laquelle est une vraie combustion, sans ignition, sans développement de flamme. Le surplus de cette eau, qui n'est pas nécessaire à la déflagration des pyrites, s'écoule, emportant le calorique dont elle s'est saisie, à raison de son affinité connue avec lui, et ils restent unis jusqu'à ce que, parvenus au-dehors, le calorique l'abandonne, pour se combiner dans l'athmosphère avec d'autres substances, et produire d'autres phénomènes. Il résulte donc de ce qui vient d'être exposé, que la chaleur thermale est produite par la déflagration naturelle des pyrites, dans les entrailles de la terre.

§. XLIX. Cette opinion, qui est déjà ancienne, développée par le progrès des connaissances actuelles dans l'histoire de la nature, et sur-tout la chimie qui en fait une branche, est généralement adoptée aujourd'hui par les savans. Peut-être de nouvelles découvertes nous apprendront-elles un jour quelque chose de plus positif, mais le système actuel est celui que je viens de présenter, d'après les plus grands maîtres, aussi ne crois-je pas devoir m'arrêter à discuter les objections que l'on a voulu élever contre ce système, au moyen duquel on peut résoudre toutes les difficultés, soit du degré de chaleur de certaines eaux, relativement à d'autres, soit de toute autre espèce. L'objection la plus spécieuse est prise de ce que la masse de ces pyrites devrait être consumée depuis qu'elles fournissent ainsi la chaleur thermale, ou s'épuiser un jour. Mais pour pouvoir employer cette objection, il aurait fallu avoir déterminé quelle est cette masse, qui, dans le fait, est inappréciable, car elle paraît être très-étendue et à des profondeurs incalculables ; et alors on répondrait encore victorieusement, 1.° que la décomposition des pyrites est infiniment lente, dès qu'il n'y a pas de contact avec l'air athmosphèrique : c'est ce qui a lieu par rapport à nous ; car si ce contact avait existé ou existait, la déflagration aurait été ou serait plus considérable, et il se serait développé dans certain temps une chaleur plus considérable dans nos eaux; ou bien nous serions témoins de ce développement dans la seconde hypothèse, mais elles sont constamment les mêmes et paraissent l'avoir toujours été depuis qu'elles sont connues; 2.º on pourrait dire encore avec le succès qu'entraine la vérité, qu'il n'est pas nécessaire qu'il y ait une grande quantité de ces pyrites en décomposition, pour produire une chaleur considérable, ce qui doit encore rassurer sur l'épuisement des masses pyriteuses, les partisans du système contraire.

Je bornerai donc ici toute ma réponse.

§. L. A présent que nous connaissons les qualités extérieures des eaux dont je m'occupe ici, et que nous avons vu quelle est la nature des lieux qu'elles parcourent, je pourrais sans doute passer à leur analyse; mais j'espère encore de l'indulgence de mes lecteurs qu'ils me pardonneront une petite digression sur les propriétés générales de l'eau, desquelles dérive nécessairement son action sur le corps humain.

Une des propriétés générales de l'eau, est de pouvoir augmenter de volume, jusqu'à ce qu'elle soit en ébulition. Réduite en vapeurs, elle occupe un espace 14,000 fois plus grand que celui qu'elle occupait; elle devient ainsi élastique, compressible. Cette qualité chaude du principe igné, le calorique, dont l'eau participe plus ou moins, qu'elle entraine (48), dont chaque bulle même réduite en vapeurs, est imprégnée dans les eaux thermales, et dont les nôtres sont chargées, doit nécessairement produire des effets bien étonnans dans l'économie animale. Les effets de sa dilatabilité peuvent être aussi violens que ceux de la poudre à canon. L'eau appliquée dans cet état sur le corps, peut rompre l'adhésion de ses parties, comme on le voit dans les brûlures causées par cet agent; quel ne doit donc pas être son effet de dilatabilité sur nos vaisseaux ! quelle expansion ne doit-elle pas produire dans les fluides du corps humain, lorsque bue ou absorbée dans le bain par les pores qu'elle a dilaté, par sa qualité fluide délayante et son calorique, elle porte avec elle ce dernier principe dans nos humeurs! C'est pour cela qu'une même température de bains, ne peut convenir également à tous les malades, à toutes maladies ni dans tous les temps; qu'ils nuisent tant lorsqu'ils sont chauds à certaines personnes nerveuses, pendant qu'il en faut de plus chauds à d'autres, selon que l'électricité animale est en plus ou moins chez ces différens individus; en sorte qu'il faut pour les uns augmenter le calorique et le diminuer pour d'autres, ce qui apporte dans la qualité, la durée du bain, celle de la boisson, des variations dépendantes de celles de l'athmosphère et de l'état du malade et de la maladie.

§. LI. C'est au 80.° du thermomètre de Réaumur, que l'eau entre en ébulition, elle ne le dépasse jamais, quelle que soit la chaleur employée. Au-delà de celle-ci, elle n'est que de la vapeur plus pénétrante, par conséquent plus active, à cause de sa divisibilité, chaque particule prenant alors le dégré de calorique qu'avait la masse lors de l'ébulition; car c'est une de ses propriétés d'attirer d'autant plus puissamment la chaleur, de s'imprégner d'autant plus du calorique, qu'elle lui présente plus de parties en contact, par l'effet même de la divisibilité résultante de la chaleur. On voit, d'après cela, que, pour que la vaporisation ait une activité très-considérable, il n'est pas nécessaire que l'eau soit portée à l'état d'ébulition.

§. LII. C'est la fluidité, la souplesse de l'eau qui la fait entrer dans les canaux qu'on lui présente, qui fait qu'elle aide à l'effet de succion et d'absorbtion de nos pores. Elle contient, comme on l'a vu, plus des deux tiers de son poids d'oxigène, quatorze fois moins pesante que le mercure, pèse 840 fois plus que l'air; elle est le dissolvant des sels. La ténuité de ses parties la fait pénétrer dans des corps où l'air ne peut s'introduire sans elle. En pénétrant les corps, elle augmente leur poids; c'est ce que j'ai expérimenté sur moi-même. J'ai observé que les trois premiers bains au 26.° augmentaient mon poids jusqu'à trois livres et quelques onces, en proportion du temps que j'y passais; par exemple, d'une, deux ou trois heures. Qu'après ces trois bains, ou le quatrième au plus, je n'acquérais pas plus de poids après trois et quatre heures de bains qu'après deux; que dans les temps plus froids sans l'être trop, cette augmentation était plus considérable, et que le contraire arrivait dans les temps plus chauds.

Au 24.° il me fallait au moins quatre bains, souvent cinq consécutifs, pour produire l'effet de celui au 26.°: que lorsque j'avais plus soupé, ou veillé, ou fatigué, l'augmentation du poids étoit moindre ; qu'au lieu d'augmenter de poids par un bain chaud au 32.°, j'en perdais dès le premier, et ce en proportion de la chaleur augmentée du bain, jusqu'à quatre livres, dans un espace de temps moitié moindre que dans la première expérience. On ne peut cependant pas, je crois, déterminer ces différences de poids pour chaque individu ; mais on peut aussi, je pense, calculer de-là ce que peut produire un bain de telle ou telle durée ou de tel degré de chaleur, dans telle ou telle disposition du corps ou de l'ame ; car les passions répressives amènent, comme on sait, dans l'économie animale, des dispositions différentes de celles excitantes.

§. LIII. C'est encore par l'effet de sa rarescibilité, sa volatilité que l'eau est soulevée avec ses parties de calorique dans l'athmosphère, où elle forme les brouillards, la rosée, le verglas, la grêle, la neige, lorsque son calorique l'a abandonné, comme je l'ai dit, et sans doute pour produire des météores, selon l'opinion de quelques naturalistes. La circulation de l'eau humecte l'air, la terre, met celle-ci en état de produire les minéraux, les sources, et sert particulièrement à la vie de tous les animaux et à la végétation. C'est à elle que nous sommes redevables de la clarté, de la salubrité de l'air, en ce que, retombant, elle entraîne les corps hétérogènes qui y étaient suspendus, elle le dépure comme on le remarque après les pluies et le matin après les rosées, avant que le soleil ait déjà agi sur elles. Cette ascension, cette chûte qui succèdent, lavent l'athmosphère de tous les germes qui, par leur corruption ou leur développement, la rendraient infecte, et c'est peut-être cette combinaison de divers miasmes avec l'eau, qui rend le serein si malfaisant, tandis que l'air du matin est si salubre.

§. LIV. Nous voici enfin parvenus à l'analyse que j'ai annoncé avoir faite, d'après les procédés indiqués par le professeur Chaptal, aujourd'hui Ministre. Je le répète encore, je n'ai pas la présomption de croire que l'on ne puisse pas mieux faire que moi ; un chimiste, exercé par une manipulation presque continuelle, a le coup-d'œil plus sûr; il saisira mieux les plus légères nuances dans les résultats des procédés; mais, à coup sûr, il ne sera pas plus vrai que moi en les rapportant. On a dit que *nos eaux savonneuses*, par exemple, *ne contiennent pas de calorique*, c'est une erreur des plus graves, et tout en la redressant, je proteste n'avoir pas la prétention de comparer mon travail à celui d'un chimiste exercé. Je suis très-persuadé que si le citoyen Nicolas, ou tout autre chimiste habile, faisait, *sur les lieux*, une nouvelle analyse de nos eaux, on pourrait, vu les progrès toujours croissans de la chimie, sinon découvrir quelque principe nouveau, au moins fixer avec la précision que donne l'habitude des opérations et la supériorité des connaissances dans cette partie, les rapports, les combinaisons des divers principes de nos eaux; entre eux, assigner aussi d'où vient cette matière grasse, glutineuse, adhérente aux doigts, qui se remarque pendant l'évaporation chimique et qui disparaît ensuite, laquelle ne m'a rien présenté qui puisse la faire regarder comme un bithume, comme l'a dit le docteur Didelot, d'après d'autres, car jettée sur des charbons allumées, elle ne s'y enflamme point, et répand une odeur désagréable comme replique pales.

En attendant cette nouvelle analyse alors préférable, celle-ci encore répétée cette année, prouvera au moins mon désir d'être utile; aussi espérai-je beaucoup de l'indulgence des chimistes célèbres dont l'importance de nos eaux invoque l'attention, et qui viendront à s'en occuper, soit par amour du bien public et de la science, soit par l'ordre du gouvernement.

ANALYSE.

On n'est pas encore parvenu, dit LAVOISIER, à découvrir quelles sont les parties constituantes de la magnésie, de la chaux, de la baryte, de l'alumine ou base de l'argile, ce qui autorise à les considérer comme des êtres simples : les trois premières ont une tendance extrême à la combinaison. La chaux continue-t-il, est presque toujours saturée d'acide carbonique, et, dans cet état, elle forme les spaths calcaires *carbonates de chaux*, (tels sont les nôtres) et partie des marbres. Elle est saturée d'acide sulphurique dans les pierres à plâtre, le gypse; comme dans notre voisinage, nous la voyons aussi formant le spath fluor combinée avec l'acide fluorique : elle se rencontre avec l'acide muriatique dans les eaux de la mer et dans celles des fontaines salées de nos salines.

Cette base salifiable, très-abondamment répandue dans la nature, se retrouve, comme je le disais, sous ces différentes combinaisons dans nos eaux ; leur analyse prouve qu'elles contiennent de *l'acide carbonique*, et *de celui sulphurique*.

La magnésie ou terre magnésienne se combine facilement avec l'acide sulphurique et le muriatique; cette terre est aussi très-abondante, et, entre dans la composition d'une infinité de pierres; il n'est donc pas étonnant que l'acide sulphurique s'empare dans nos eaux de celle qu'elles rencontrent dans leur trajet et l'entraîne. C'est sans doute à cette combinaison de portion de l'acide sulphurique avec la terre magnésienne que l'on peut, je crois, attribuer l'effet purgatif que l'on voit à nos eaux, sur-tout celles ferrugineuses, dans lesquelles l'acide sulphurique est plus abondant, puisqu'il tient en outre en dissolution le Mars que l'on y découvre, et forme ainsi un vrai vitriol martial, *sulfate de fer*, comme le démontre l'eau de chaux, qui a la propriété de précipiter la dissolution de ce sulfate. Cet acide sulphurique est sûrement aussi combiné avec une portion du *natron* ou *soude* de nos eaux, de la partie de leur vertu apéritive.

La baryte que nous rencontrons, est combinée avec l'acide carbonique et forme avec lui un spath pesant, puisque la moindre portion d'acide sulphurique, avec lequel cette terre a plus d'affinité, s'en saisit et forme un précipité insoluble.

Pour l'alumine, elle forme, comme on sait, la base de l'argile, dont nous avons abondamment dans tout notre voisinage. Il n'est donc pas étonnant que les eaux de pluies, filtrant sur ces différentes espèces de terres, s'en imprègnent, ainsi que du fer dont elles rencontrent des mines, peut-être très-près de nous,

du

du moins dans nos environs. Car il n'est pas nécessaire, pour que tout cela s'opère, que ce soit immédiatement dans les montagnes, au pied desquelles Plombières est situé; les eaux de sources n'ayant souvent, comme on sait, leur sortie qu'à des distances très-considérables du lieu qui les fournit: il y a cependant tout lieu de présumer que tout cela se passe près de nous. Il ne doit pas paraître étonnant que l'on ne trouve pas beaucoup d'acide sulphurique libre dans nos eaux, ses différentes combinaisons pouvant en absorber beaucoup dans le trajet qu'elles font, ce qui ne me permet pas de l'évaluer, il suffit de démontrer qu'il y existe.

On remarque que les goulots de fer qui servent à la sortie des eaux chaudes, s'altèrent et se décomposent; cet effet résulte de l'action de l'acide sulphurique, qui, aidé de la chaleur, oxide le fer et doit le détruire insensiblement et assez promptement.

En examinant la substance onctueuse, que j'ai dit (§. 40.) se trouver à la source des eaux savonneuses, on voit que, mise sur la langue, elle y tient un peu; elle décrépite sur les charbons ardens et y devient du *gypse*; mise dans l'eau, elle ne s'y dissout pas entièrement, s'y amollit de manière à former une bouillie, elle n'est point attaquable par les acides; conservée, elle ne perd rien de son poli, de son onctuosité.

La terre ochreuse du bassin de la fontaine ferrugineuse, n'obéit à l'aimant que lorsqu'elle est convenablement désoxidée: le goût austère de cette eau, que la savonneuse a aussi un peu, vient de la terre calcaire et du sulfate.

On ne trouve aucun dépôt dans les bassins qui reçoivent les eaux thermales, excepté la matière herbacée, cette espèce *de conferve* dont j'ai parlé (§. 42.) parce que les principes qu'elles contiennent y sont tenus dans une parfaite dissolution, ou sont assez volatils pour s'échapper promptement, tels sont le gaz hépatique, celui acide carbonique. Il est démontré que celui-ci est toujours dans l'état de mêlange dans les eaux minérales. Le procédé que j'ai suivi, indiqué par le docteur *Gioanetti*, professeur à Turin, donne la mesure de la quantité dans laquelle il se trouve dans les nôtres; il naît de la composition des

D

pyrites et de la combinaison de l'acide sulphurique avec le natron, ce qui forme un vrai savon, et il rend l'eau capable de dissoudre les terres calcaires, etc. L'acide muriatique et le nitrique, d'après *Bergmann*, prouvent l'existence du gaz hépatique, qui, comme on sait, est formé par le gaz hydrogène dissolvant le soufre, et contractant à ce moyen, une odeur puante. La formation de ce gaz est presque toujours l'effet de la décomposition de l'eau, dont un des principes s'unit au soufre et le dissout, tandis que l'autre se combine avec lui et forme un produit plus fixe, le sulfate, comme on le reconnaît facilement dans nos eaux ferrugineuses (§. 40.); je le crois également dans les autres, mais n'y ayant point découvert de quelle manière il se combine avec leurs autres principes connus, j'espère que cela est réservé à quelque chimiste exercé.

Outre l'eau ferrugineuse et celle savonneuse, l'eau des fontaines chaudes, dont on fait usage en boisson, est la seule de nos eaux thermales que j'aie réexaminée, parce que j'avais reconnu par mes analyses précédentes, d'après le citoyen Nicolas, que toutes avaient les mêmes principes, d'un autre côté, j'ai considéré que la chaleur plus considérable, devant faciliter l'évaporation des gaz, je devais diriger, par cette raison, mon expérience sur les moins chaudes, celles servant à la boisson. Pour procéder à l'analyse par les réactifs et connaître mieux la quantité du gaz, j'ai pris, pour en laisser échapper le moins possible, une précaution qui consiste à attacher au cou d'un flacon ou ballon de verre, pouvant contenir plusieurs pintes d'eau, une vessie qui, percée à son autre extrémité, s'adapte au goulot de la fontaine et tient dans sa plus grande capacité, un bouchon que j'appliquai le plus promptement possible au flacon rempli à la hauteur de mesure. La vessie détachée du goulot de la fontaine, sert à recouvrir le bouchon : j'ai mis à l'avance dans ce flacon les réactifs, soit l'eau de chaux, soit l'oxalate d'ammoniaque, soit le muriate de baryte, etc. et je me suis servi de plusieurs ballons de verre à la fois, de manière à avoir treize pintes de chaque espèce d'eau à examiner.

1.º La teinture de tourne-sol rougit nos eaux, ce qui démontre leur alcalinité.

2.° *Le prussiate de chaux*, ajouté à l'eau thermale rapprochée à moitié, ne m'a point fourni de précipité.

3.° *L'oxalate d'ammoniaque* trouble toutes nos eaux à l'instant, et forme un précipité insoluble qui dénote la présence d'un sel calcaire, qui doit être un *carbonate*.

4.° Le *muriate de baryte* régénère le spath pesant, et démontre ainsi l'existence d'un sel sulphurique, dans l'eau savonneuse, comme dans celles thermale et martiale : le précipité est beaucoup moindre dans la première que dans les deux autres ; je n'en ai obtenu que trois grains, tandis que celles thermales m'en ont fourni *douze grains*, et la martiale *neuf*, pour les 13 pintes.

5.° L'eau de chaux en précipite la magnésie.

J'ai ensuite fait évaporer à siccité la même quantité de chacune des trois mêmes espèces d'eaux.

Le résidu de celles thermales a été de 66 grains d'une substance grisâtre, qui, traitée selon les différens procédés indiqués par le C.en Chaptal, a produit, 1.° trente-deux grains et demi *natron, alcali minéral* ou *soude*. 2.° Sept grains *magnésie*. 3.° Près de treize grains *carbonate de chaux* ou *terre calcaire*. 4.° Autant d'une terre onctueuse que je crois *l'alumine*, puisqu'elle est précipitée de la potasse, mais contenant une portion non estimée de terre d'un caractère particulier, que j'ai tout lieu de croire vitrifiable.

J'ai obtenu 42 grains par l'évaporation à siccité de l'eau savonneuse ; ce précipité, d'un blanc plus terne que le précédent et traité comme lui, m'a fourni, 1.° environ 20 grains *natron*, 19 des différentes terres, et deux grains et demi de fer précipité de sa combinaison avec l'argile et de leur dissolution dans l'acide muriatique, par le prussiate de chaux.

L'eau ferrugineuse évaporée de même, a fourni 28 grains d'un précipité ochreux dont 9 grains *natron*, 14 des trois espèces de terres et environ 4 de fer. J'ai suivi pour toutes les mêmes procédés.

Par le procédé du professeur Gioanetti, pour connaître la quantité d'*acide carbonique*, j'ai obtenu, des 13 pintes d'eau thermale, 104 grains précipité, dont les $\frac{11}{12}$ sont $42\frac{1}{4}$.

Le précipité pour l'eau savonneuse a été 72 grains qui font 29 $\frac{1}{4}$.

L'eau ferrugineuse ou martiale n'a produit que 56 grains qui font 22 $\frac{3}{4}$.

Le pèse-liqueur m'a montré que l'eau de la fontaine thermale du crucifix était à $\frac{1}{4}$ au-dessus du degré de l'eau distillée qui est *zéro*.

Celle du bain des dames à $\frac{1}{3}$.

Celle savonneuse du grand bain à $\frac{1}{3}$.

Celle *idem*, du C.en Jacotel, N.º 5, à $\frac{1}{2}$.

Celle martiale n'a presque pas de différence lorsqu'il fait beau.

Celle godé, servant à la boisson habituelle, à $\frac{3}{4}$.

Il résulte donc en dernière analyse, de ce que je viens de dire de chacune de ces eaux en particulier, qu'elles contiennent, par pinte du poids de deux livres chaque, savoir :

	1.º *L'Eau Thermale.*	2.º *Savonneuse.*	3.º *Martiale.*
Gaz acide carbonique.	3 grains $\frac{1}{4}$	2 grains $\frac{1}{4}$	1 gr. $\frac{3}{4}$
Soude *ou* Natron.	2 . . $\frac{1}{2}$	1 . . . $\frac{1}{2}$	1 . . . $\frac{1}{2}$
Magnésie.	. . $\frac{1}{2}$	. . . $\frac{5}{13}$	. . . $\frac{6}{13}$
Carbonate de chaux.	. . $\frac{1}{2}$	. . . $\frac{9}{13}$	. . . *id.*
Matière grasse, alumine.	1 . .	. 1 . . . 0	. . . $\frac{2}{13}$
Fer.	. . . . .	F. . . . $\frac{1}{5}$ envir.	. . . $\frac{1}{4}$

N. B. Les principes indiqués pour l'eau martiale, doivent s'entendre du moment où ils sont le moins abondans, ce qui a lieu lorsqu'il a plu pendant quelque temps ; car lorsqu'il fait beau les principes de cette eau sont *quatre grains acide carbonique* par pinte. Un, plus $\frac{12}{13}$ *natron*. Demi-grain *magnésie*, autant de *terre calcaire*, et un peu plus d'un quart de grain de fer, puisque je l'ai trouvé de 5 grains dans les 13 pintes.

On vient de voir que les procédés chimiques démontrent qu'indépendamment des autres principes indiqués ici, nos eaux contiennent, je veux dire sont imprégnées du soufre, sous la forme gazeuse d'un sulphure que l'odorat y laisse soupçonner, mais je n'en puis déterminer la quantité.

Ne suis-je pas admis à avancer que cet *acide sulphurique*, ainsi que celui *carbonique*, combinés et fondus dans nos eaux avec les différentes terres indiquées, y constituent à leur manière des *sulfates*, des *carbonates* ; d'où résulte leur efficacité ? mais je n'ai pu obtenir ces sels cristalisés, ce que l'expérience et la sagacité de quelque chimiste habile pourront sans doute dévoiler.

L'impression de cet ouvrage était terminée lorsque j'ai pu connaître le travail du célèbre Professeur Vauquelin, sur les eaux thermales. Il est à désirer que ce savant veuille s'occuper aussi de celles minérales, et qu'il puisse le faire à la source. On n'aura pas à craindre alors qu'on ait employé, comme je l'ai un pratiqué, une méthode très vitieuse, pour obtenir par l'eau de chaux le précipité de ces eaux.

SECONDE PARTIE.

TROISIÈME SECTION.

§. LV. On ne peut mettre en problème si les secours de l'art sont utiles, souvent même indispensables dans les maladies aiguës; mais en même temps, on doit reconnaître que la nature peut quelquefois suffire seule à leur guérison. Ces deux vérités sont confirmées par les observations des médecins de tous les temps. Malheureusement on ne peut dire de même des maladies chroniques, et une sage administration des moyens que la nature et l'art nous fournissent, est indispensablement nécessaire à leur guérison. On peut, je crois, ajouter à cela que les moyens curatifs les plus simples, pourvu qu'ils soient suffisans, sont ceux auxquels on doit la préférence, parce qu'ils n'usent point la vie.

§. LVI. Quelque cause qui ait rompu l'équilibre qui constitue l'état sain de notre frêle machine, les fonctions s'altèrent plus ou moins promptement, en raison composée de ce que la force organique, cette force de vie est plus ou moins active, et de ce que les causes de maladies ont d'intensité, soit relativement à la nature de la fonction lésée, ou celle de la matière de la maladie. Il suit de-là que l'évasion subite, la violence des symptômes, leur marche rapide annoncent cette activité extraordinaire qui constitue les maladies aiguës et dont les mouvemens redoublés, cette réaction de la nature peuvent souvent triompher seule, même résister quelquefois à un traitement mal conçu et mal dirigé.

§. LVII. Il en est tout autrement dans les maladies chroniques. Les mouvemens redoublés, mais quelquefois désordonnés de la nature, qui font l'action augmentée de nos organes, pour combattre l'ennemi qui l'attaque et la mine sourdement, usent, épuisent cette force organique, laquelle vient des nerfs et qui fait la force et la vie ; et les corps les plus robustes succombent, lorsque la nature n'est pas secondée par l'art. Mais si les remèdes, ou trop actifs ou mal vus, précipitent quelquefois la fin des malades, l'abondance, la qualité de la matière de la maladie, délétère et répressive des mouvemens de la nature, élude souvent l'effet des remèdes les mieux indiqués, les plus sagement administrés.

§. LVIII. On voit les constitutions athlétiques contracter, comme les plus délicates, des dispositions aux maladies chroniques. Celles-ci naissent, ou primordialement, comme les aiguës, de la constitution de l'air, des différens excès, d'un travail forcé, et plus encore de la molesse, du sommeil ou des veilles prolongées, de la suppression, diminution ou de la gêne des secrétions et des excrétions habituelles ; ou elles doivent secondairement leur origine aux aiguës, dont la terminaison incomplette laisse la matière morbifique modifiée, mais stagnante sur une partie plus ou moins importante : delà vient que son action faible et lente dans le principe, ne peut souvent être remarquée que lorsque son accroissement successif est enfin devenu suffisant pour exciter la réaction des forces vitales, moyens que l'auteur de la nature a mis en nous, pour notre conservation. Les maladies de langueur ou chroniques emportent donc un danger d'autant plus certain et plus grave, que les fonctions lésées sont plus importantes et qu'elles sont interverties et troublées par une marche lente et insensible ; parce qu'alors les forces vitales n'ayant diminué que peu-à-peu, elles sont épuisées et il ne peut plus se faire d'efforts assez actifs et assez soutenus pour opérer ce que nous nommons une crise, qui, lorsqu'elle est complette, est la terminaison heureuse des maladies.

§. LIX. Les solides fatigués, énervés par des mouvemens successifs et toujours imparfaits, à raison de la diminution progressive de la force vitale opprimée ou épuisée, ont alors besoin, pour se rétablir par des gradations également lentes, de secours toujours combinés sur la qualité de la matière morbifique, l'importance des fonctions lésées et la vigueur ou vitalité. C'est cette sage combinaison qui, tant difficile à saisir, exige de la part du médecin des connaissances très-étendues, une prudence consommée; Car dans ces cas, il est bien plus difficile de saisir le vœu de la nature, de distinguer ses efforts salutaires d'avec ceux qui ne le sont pas, et d'en susciter lorsqu'il n'y en a point. On peut même dire qu'il n'y en a que dans les affections chroniques, et que très-ordinairement, lorsque les causes de la maladie ont acquis assez d'intensité pour occasionner un mouvement, celui-ci ne fait, le plus souvent, que déterminer inévitablement la destruction ; ensorte que la nature ne peut très-souvent ni guider ni seconder son ministre.

§. LX. On voit que, pour espérer quelques succès dans les maladies chroniques, il faut autant, même plus que pour les aiguës, une judiciaire éclairée, un tact sûr, ce qui ne s'acquiert que par des observations multipliées et un travail suivi ; la guérison dépendant essentiellement de l'art, les erreurs des anciens, celles de nos contemporains, nos propres fautes, peut-être même quelqu'effet heureux du hasard, tout cela doit prêter aux réflexions d'un observateur attentif, et ne peut que tourner à l'avantage de la science, sur-tout dans un temps où l'illusion d'une infinité de systèmes en médecine, dévoilée, doit nous garantir de leurs écueils.

§. LXI. Depuis Hippocrate jusqu'à ce jour, tous les grands maîtres de l'art ont professé les maximes que je viens d'exposer. L'expérience de tous les jours confirme la vérité de cette doctrine, puisée dans la lecture et la méditation de leurs ouvrages. Tous les médecins en sont pénétrés ; mais le vulgaire, qui ne se doute pas que la science de la médecine est basée sur une parfaite connaissance des fonctions de chacune des parties du corps humain, sur des faits et des observations constantes, à l'appui desquelles vient le raisonnement, se persuade que cet art, le plus sublime, n'est que conjectural, et croit toujours, d'après cela, pouvoir confier sa santé au hasard : c'est pour cela qu'un gouvernement sage, donne à la médecine une institution légale.

§ LXII. C'est n'est que lorsque l'expérience, d'accord avec le raisonnement, nous a éclairé sur les propriétés et l'usage d'un remède, qu'il peut obtenir droit à notre confiance. Les causes des maladies chroniques sont si multipliées, si variées, qu'il n'est pas étonnant qu'on ait recherché et tenté un plus grand nombre de moyens, qu'on en ait varié à l'infini les combinaisons, pour parvenir à combattre avec succès ces maladies, qui font souvent le désespoir de la médecine. Mais aussi il n'en est pas en faveur desquels le suffrage des praticiens les plus recommandables se soient réunis, comme sur les eaux minérales. Une expérience de plusieurs siècles a constamment démontré l'efficacité de celles de Plombières et ce que je pourrai en dire n'est point dicté par la prétention de corroborer de mon assentiment une opinion reçue, mais dans l'intention seulement de démontrer que ma manière de penser sur ce remède, repose sur un examen attentif, et suivi depuis plusieurs années, qui m'a acquis le droit inhérent au surplus à tout médecin, d'en parler, de les conseiller et d'en diriger l'usage.

§. LXIII. Il en est des eaux minérales comme de tous les autres remèdes d'usage en médecine ; on ne peut assigner pour tous les cas, toutes les circonstances, une manière précise de les employer, parce qu'il n'y en a point d'absolue et unique ; la différence des circonstances amenant nécessairement des modifications dans le traitement, ce que les médecins peuvent seuls juger pendant leur usage : aussi je ne crois pas qu'il soit plus raisonnable à un malade de vouloir employer ce remède au hasard, que de prendre de soi-même un vomitif, etc. lorsqu'au contraire la saignée ou seulement la diète et des délayans eussent convenu pour la guérison. Ce ne sont que des vues générales que je présente aujourd'hui ; les préceptes que quelques médecins ont donnés sur l'usage de nos eaux ne peuvent être considérés que sous ce point de vue : sous ce rapport ils sont très-recommandables, et tout homme judicieux avouera que celui-là a bien mérité de ses concitoyens, qui leur a présenté son opinion réfléchie, sur un moyen de guérison quelconque.

§. LXIV. L'expérience et la théorie, dont l'accord constitue la vraie médecine guérissante, ont appris depuis plusieurs siècles que les eaux de Plombières jouissent d'une propriété *délayante, incisive, fondante* et *tonique*. La chimie en nous en faisant connaître les principes constituans, confirme cette opinion. *Le calorique* dont les eaux thermales sont imprégnées en excès et dont elles sont le véhicule le plus sûr et le plus efficace, doit par l'effet de cet agent primitif, avoir une action plus marquée pour certains individus ; ceux, par exemple, chez lesquels la fibre est plus rigide, les nerfs plus irritables, le fluide électrique plus accumulé, que pour d'autres ; d'où résulte pour les solides un mouvement d'oscillation plus fréquent, la dilatation, l'expansion des fluides, conséquemment une circulation plus rapide et un mouvement du centre à la circonférence qui doit produire l'écoulement plus abondant de la matière perspirable, ou de la sueur, ou des urines, sur-tout lorsque l'action de nos eaux prises en boisson est encore augmentée par l'effet d'un bain chaud ; aussi ai-je toujours observé que les seuls cas dans lesquels le sommeil était troublé pendant l'usage des eaux, étaient celui des bains trop chauds ou de la turgescence des humeurs, qui naît également de la propriété incisive excitante des eaux ; indications que le médecin doit saisir, afin de parer aux inconvéniens. C'est pour cela que ni les bains chauds, ni l'eau thermale ne peuvent convenir dans l'hémopthisie par exemple, ni autres hémorragies où il y a oscillation augmentée des solides, expansion des fluides, non plus que dans les supurations internes.

§. LXV. Je crois avoir expliqué précédemment qu'il est de la nature des affections chroniques d'opprimer, énerver, détruire insensiblement la force organique qui réside dans les solides du corps humain (§. 58, 59.), par l'effet même de leur réaction réitérée trop faible, conséquemment insuffisante sur la cause de la maladie. Il convient donc pour la guérison de ces maladies, de réveiller la force organique engourdie, opprimée, ou de modérer ses mouvemens lorsqu'ils sont irréguliers, trop réitérés, ou trop violens ; en même temps que l'on cherche à produire cet effet par les stimulans qui n'agacent, n'irritent point trop, et qui par conséquent, ne produisent pas une action délétère et destructive. On doit aussi, lorsque la cause prochaine et formelle de la maladie dépend d'une humeur viciée, vague ou fixée, chercher à la délayer, la détremper, pour pouvoir l'entraîner au-dehors. Sous ces deux rapports, on ne peut que vanter les eaux minérales de Plombières, qui jouissent de plus, d'un avantage bien réel, en ce qu'elles admettent d'autres remèdes, qui favorisent leur efficacité, les approprient ainsi aux tempéramens dans lesquels la force de vie est restée la plus intacte, malgré la maladie ; comme à ceux dans lesquels elle est la plus altérée.

§. LXVI. Le célèbre Hoffmann, qui était tout à-la-fois grand médecin et chimiste, en parlant des effets merveilleux que produisent les eaux minérales, qu'il recommande dans les maladies chroniques, prétend que « *leur vertu principale dépend de l'esprit éthéré* » *élastique qui s'y trouve* ». Il attribue, avec raison, *à ce gaz* « *la faculté de pénétrer dans les plus petits vais-* » *seaux du corps humain, de dissiper les obstructions,* » *dissoudre les humeurs visqueuses et tenaces, augmen-* » *ter les oscillations;* (ce que font encore plus éminemment les eaux thermales), *de rétablir le ton des* » *fibres musculaires. De-là on peut juger*, dit-il, *de* » *leur efficacité dans la chlorose, les obstructions des* » *viscères, les dartres et autres éruptions salines qui dé-* » *pendent presque toujours des obstructions des glandes* » *cutanées ; dans les affections hypocondriaques,* » *les paralisies, les tremblemens, et en général les* » *maladies où la principale indication est d'atténuer* » *les humeurs, de corriger l'atonie des solides* ». Il dit encore les *eaux avantageuses dans les maladies putrides*, et sans doute c'est des acidules sur-tout, qu'il veut parler alors. [BORDEU, *que l'on nomme toujours avec vénération en médecine, fait l'éloge le plus pompeux des eaux minérales, dans le traitement de* toutes *les maladies chroniques*].

§. LXVII. Quoique les eaux acidules qui doivent cette qualité à l'excès de *l'air fixe* ou *acide carbonique* dont elles sont imprégnées, soient, sans contredit, les plus efficaces dans certains cas qu'Hoffmann a désignés, en général, on ne peut nier que les eaux minérales qui ne sont pas acidules, ne contiennent aussi de l'air de cette espèce ; car il est le résultat de toute combustion et décomposition des corps, étant composé d'oxigène et de carbone ; il se trouve combiné avec le fer, les alcalis tels qu'ils se trouvent naturellement; et c'est son excès qui rend ceux-ci caustiques. On ne peut pas se refuser de convenir en même temps, qu'indépendamment de cet acide carbonique dont la propriété apéritive et stimulante est reconnue, les autres principes contenus dans nos eaux, quoiqu'en petite quantité, ne doivent agir d'après leur propriété particulière ; savoir, les thermales par l'excès de calorique dont elles sont pourvues, les propriétés duquel sont atténuantes et toniques ; par leurs terres d'alumine, calcaire et magnésienne dont la qualité absorbante peut, dans certains cas, devenir (sur-tout les dernières) un peu stimulante, comme tout médecin peut bien le pressentir ; par l'alcali minéral ou *natron*, auquel on reconnaît la propriété savonneuse, apéritive résultant de sa combinaison avec l'acide carbonique : dans cet état de combinaison naturelle, il n'y a pas à redouter de le voir mettre les humeurs en colliquation comme cela arrive des alcalis fixés à nud, pour l'usage desquels *Boërhave* et tous les médecins depuis lui, recommandent la discrétion et la prudence... Ces principes, comme on l'a vu par l'analyse, sont communs à nos eaux thermales comme aux minérales. Le fer que l'on trouve de plus dans celles-ci, agit nécessairement par la qualité apéritive et corroborante qui lui est propre. La chimie, comme on l'a vu, démontre en outre l'existence du foie de soufre, dans nos eaux thermales et la ferrugineuse, dans lesquelles il se décèle déjà par son odeur ; on sait combien il est avantageux pour déterger les ulcères, ses qualités apéritives, légèrement sudorifiques, calmantes, le rendent très-propre dans les maladies hypocondriaques et hystériques.

§. LXVIII. *Boërhave*, ce grand restaurateur de la médecine, attribue aux alcalis fixes la propriété de corriger les acides des premières voies ; il en loue également l'usage dans les coagulations laiteuses, les spasmes hypocondriaques, les affections hystériques, le choléra morbus et les vomissemens opiniâtres, en les mêlant alors avec le suc de limon. Il leur attribue une force apéritive, fondante, détersive, excitante, diaphorétique, diurétique ; (*v. sa Chimie.*) il les recommande dans l'*hydropisie*, la *leucophlegmatie*, la *jaunisse*, la *goutte*, les *rhumatismes*, pourvû néanmoins qu'on les *administre avec prudence et discrétion*.. [C'est sûrement d'après l'opinion éclairée du grand Boërhave, que le docteur *Siffert* avait imaginé son savon végétal. Le dissolvant du célèbre *Levret* paraît avoir la même source ; j'ai eu, comme infinité de praticiens, plusieurs occasions d'en expérimenter les heureux effets.]

Wanswieten ajoute « *qu'ils sont efficaces dans les* » *tophus, les exostoses, et les autres tumeurs de diffi-* » *cile curation* ». L'expérience des plus grands praticiens a confirmé depuis ces propriétés, sans qu'aucun d'eux ait regardé comme empirisme, l'apologie ainsi généralisée que ces grands hommes que nous venons de citer, ont fait, soit des eaux minérales, soit d'autres remèdes, les alcalis, par exemple, dont je parlais à l'instant, et dont l'usage ainsi *généralement préconisé*, n'est pour le vrai médecin qu'une indication dont sa prudence sait diriger convenablement l'application.

§. LXIX. On ne peut donc conclure des principes que je viens d'exposer (§. 66 et suivans), et de l'analyse de nos eaux, qu'elles sont avantageuses dans toutes les maladies qui viennent d'être indiquées, pourvû que, par exemple, on ne conseille pas l'eau ferrugineuse ou savonneuse à celui à qui convient celle thermale et réciproquement ; ou l'étuve, la douche à qui doit prendre le bain seulement ; pourvû enfin, qu'en vrai praticien on sache saisir les indications, diversifier, modifier au besoin l'usage de ces eaux, les combiner comme adjuvans, s'il est nécessaire, avec d'autres remèdes, s'en servir enfin comme tout médecin éclairé doit faire des moyens pharmaceutiques qui sont à sa disposition. C'est pour cela que dans la boisson de nos eaux, on peut les combiner tantôt entre elles, tantôt avec celles de Bussang, qu'on les marie, ou avec le petit lait, ou avec le lait, ou avec les infusions de chicorée, de scolopendre, de bardane, de violettes, etc. selon les différentes circonstances.

§. LXX. N'est-ce pas ici le lieu d'examiner ce que l'on peut obtenir des eaux savonneuses, lorsqu'on les conseille échauffées, et si cette manière n'a pas plus d'inconvéniens qu'elle ne semble présenter d'avantages ? J'avoue que je crois trouver deux inconvéniens dans ce procédé ; 1.° celui très-réel de faire évaporer promptement le gaz auquel ces eaux doivent une partie de leur propriété : ceci est une vérité professée par tous les chimistes ; 2.° la chaleur qu'on leur imprime n'est point le calorique natif, et il faudrait avoir démontré que ceci n'établit point une différence ; mais abstraction faite même de cette différence, que je croirai infinie, tant qu'on n'aura pas *démontré* le contraire ; cette chaleur donnée n'est point graduée, et il faudrait présenter les bases de la graduation; car le degré de chaleur par lequel on semble vouloir faire de ces eaux une modification de celles thermales, n'est point du tout une chose indifférente, puisque la différence de la chaleur produit des effets différens; vérité qui n'a plus besoin de démonstration.

§. LXXI. Beaucoup d'observations m'ont prouvé la justesse de l'indication que j'ai trouvée dans le cahier du médecin Rouvroi, aux soins duquel on doit l'eau savonneuse dont on fait usage aujourd'hui. Il pense que si cette eau pèse sur l'estomac, cela dépend le plus souvent de quelque cause particulière au malade, et que si on n'en peut reconnaître pour les combattre, il faudrait pour lors la boire par moitié avec l'eau chaude. D'autres médecins depuis lui les ont conseillées bues alternativement, et je pense aussi que c'est de cette manière que doit être entendue l'opinion de mon ancêtre : je les ai vu opérer par cette méthode des effets très-heureux. J'ajoute que ces eaux, comme toutes les autres, doivent être bues à la source ou dans des bouteilles que l'on doit tenir bien bouchées, sans cela leur gaz se dissipe, et la qualité de toutes est nécessairement altérée. Indépendamment de la propriété fondante, apéritive de ces eaux résultant du Natron et du gaz acide carbonique auquel elles doivent aussi leur très-grande pénétrabilité, elles jouissent encore, en vertu de ces principes, d'une action très-marquée sur les voies urinaires, dont elles entraînent les glaires et les graviers ; on leur substitue dans ce cas, avec succès, l'eau *ferrugineuse*, lorsque l'on est assuré que le sentiment de pesanteur que l'on éprouve quelquefois en les buvant, ne vient pas de saburres des premières voies. J'ai remarqué aussi plusieurs fois qu'on pouvait éviter cet inconvénient, en portant à nud sur l'estomac une pièce de fine flanelle, ou en les buvant pendant le bain : on voit par-là qu'en tentant différens moyens, on peut parvenir à faire passer ces eaux sans les dénaturer.

§. LXXII. La fontaine Bourdeille ou martiale dont nous avons déjà parlé (§. 40.), possède, à raison de son gaz et de ses autres principes, des propriétés plus éminemment incisives, apéritives et toniques que l'eau savonneuse, et doit avoir la préférence sur elle dans tous les cas où il faut solliciter plus puissamment l'action des vaisseaux lymphatiques. Elle n'a point, non plus que l'eau savonneuse, le calorique *en excès*; en sorte que sa qualité stimulante ne tend pas à augmenter l'érietisme. Elle convient spécialement dans les cachexies, la chlorose, la leuchorrée, les suppressions. La différence des principes indique aux médecins les circonstances dans lesquelles il doit donner à ces eaux la préférence pour le traitement des obstructions, des affections hypocondriaques, des maladies des voies urinaires, tenant à une disposition glaireuse. On substitue quelquefois à ces eaux celles acidules de Bussang; c'est de la nature des principes de celles-ci (§ prem.) que le médecin peut prendre l'indication des circonstances où elles doivent obtenir la préférence. L'eau martiale produit assez fréquemment un effet purgatif, et cet effet qui devient plus général lorsque l'eau est bue à la source et qu'il ne pleut pas, m'a paru être d'autant plus assuré, que les intestins (quelle qu'en fût d'ailleurs la cause) étaient plus dans une disposition telle, qu'il ne fallait sur eux qu'un léger stimulus. Les eaux de Bussang, qui bues à leur source, ont plus éminemment cette qualité purgative, paraissent la devoir à l'excès de leur gaz et à la portion de sel marin à base calcaire qu'on y découvre. Il paraît que dans celles-ci l'acide sulphurique, qui y est abondant et y forme un vitriol martial, y est aussi neutralisé avec la magnésie.

§. LXXIII. Tout en convenant que l'eau thermale, comme celles dont nous venons de parler, peut être bue dans le bain, je suis convaincu aussi que pour plusieurs malades elles seraient plus avantageuses bues à la source, comme on le faisait plus ordinairement autrefois; ou au moins lorsque, soit l'humidité ou le froid de l'air ou d'autres causes s'y opposent, bues dans des bouteilles bien bouchées, et à un degré de chaleur (les ferrugineuses et savonneuses exceptées) qu'on ne doit point hasarder; car c'est, je le répète, une erreur palpable de croire que le plus ou le moins de chaleur est indifférent. Les malades auxquels les eaux thermales m'ont paru spécialement convenir bues à la source, sont ceux en qui l'on ne devait pas craindre d'augmenter l'effet du calorique du centre à la circonférence, d'accumuler l'électricité. Ceci sera entendu des médecins; mais comme cet essai peut passer en d'autres mains, il est bon, je crois, de développer cette idée.

§. LXXIV. Nous avons vu précédemment (§. 64.) que le propre de l'action thermale, l'effet du calorique, était de diviser, développer, donner une sorte d'expansion aux fluides: ceci ne peut avoir lieu sans que les solides éprouvent vivement l'action de ce stimulus, et conséquemment soient amenés à des oscillations plus fréquentes, à un frottement qui est en raison composée de ce stimulus et de la vitalité. Mais la physique nous apprend que cette cause excite, accumule le fluide électrique. Si donc il est déjà surabondant, s'il y a érétisme, irritabilité trop considérable, conséquemment disposition à la phlogose, inflammation, soit que cela vienne de l'atrabile ou de toute autre cause, alors il n'est pas douteux qu'il faut modifier cette boisson, soit en la laissant un peu froidir, soit en la combinant de la manière qui paraîtra la mieux appropriée à la maladie, soit en lui en substituant une autre, et c'est encore-là où les connaissances du praticien sont nécessaires. Ajoutons que, hors ce cas d'excès de calorique, la boisson de l'eau thermale est très-efficace dans les maladies dépendantes des congestions lymphatiques, de tenacité des humeurs, d'obstruction et de l'inertie de la fibre.

§. LXXV. La boisson de l'eau thermale a souvent suffi seule pour la guérison des fièvres intermittentes, tierces ou quartes, et j'ai remarqué que, lorsque dans ces cas elles produisait des selles, la maladie se terminait plus promptement et sans le secours d'autres remèdes. Mais pour lors, comme dans tous les cas où j'ai vu son effet se diriger par cette évacuation, ce qui n'est

pas

pas fréquent, cela avait lieu lorsque le malade en avait bu une quantité considérable, comme de vingt verres et plus; sans doute alors parce qu'elle relâche par sa qualité de fluide aqueux, et qu'en même temps ses principes constituans et son calorique se trouvant réunis en plus grande quantité, ont une action suffisamment stimulante pour augmenter le mouvement péristaltique de l'estomac et des intestins, et déterminer ainsi l'évacuation des humeurs glaireuses ou bilieuses convenablement délayées. Tout médecin voit que, d'après l'indication, l'on peut chercher à diriger l'effet de nos eaux par les selles, ce que l'on obtient, ou par l'addition de quelque sel neutre, ou par l'usage du carbonate de magnésie, ou celui de quelque opiate, comme l'électuaire lénitif, l'opiate mézentérique ou des pilules analogues.

§. LXXVI. On est souvent obligé d'employer ces moyens, ou les lavemens simples, seulement pour tenir le ventre libre, sur-tout pendant l'usage des eaux thermales, qui par leur propriété tonique, resserrent souvent le ventre, ce qui les fait dire (improprement) échauffantes. Je crois devoir faire observer ici, d'après le célèbre *Butini*, par rapport à la magnésie que l'on fait prendre dans l'eau thermale, que cette combinaison est mal vue, que le mélange est préférable dans l'eau froide (la savonneuse), parce que celle-ci en dissout une plus grande quantité. La chaleur imprimée à une eau qui tient du carbonate de magnésie en dissolution, la fait se précipiter; de-là vient que les eaux qui en sont chargées, blanchissent et se troublent à l'ébulition. (*Voyez Chaptal.*)

QUATRIÈME SECTION.

§. LXXVII Nous venons de voir la propriété des eaux minérales de Plombières en boisson, et la manière la plus assurée d'en tirer le succès que l'on peut s'en promettre; mais comme on emploie celles thermales sous différentes formes, celles des bains, d'étuves ou bains de vapeurs et de douches, il est naturel d'examiner les unes et les autres de ces manières, afin de connaître ce que l'on peut s'en promettre sous ces différens rapports.

La nécessité et le besoin, qui ont toujours impérieusement commandé les hommes, leur ont appris à choisir les alimens qui convenaient à prolonger leur existence, à se bâtir des retraites, à se procurer des vêtemens. Ces mêmes besoins leur ont appris qu'il était indispensable de se laver, de se nettoyer et d'employer à se rafraîchir, se délasser, l'eau dont par la suite ils ont développé les usages pour conserver et rétablir leurs constitutions altérées. Un de ces usages le plus favorable et le plus familier à l'homme, est sans contredit, celui du bain. Nous voyons qu'en tous pays la nature semble en avoir également déterminé le goût. L'homme sauvage, l'homme policé, se plonge avec délices dans les eaux qui l'avoisinent, aussi l'usage des bains remonte à la plus haute antiquité. L'histoire nous les présente chez les Indiens, les Orientaux, plutôt comme un objet de propreté, de luxe, et de volupté, que comme un point de salubrité, que les Grecs et les Romains ont mieux connu.

§. LXXVIII. Aristote est un des premiers qui ait écrit sur l'eau et les bains; mais le premier qui les ait fait valoir en médecine est cet homme immortel, à qui la nature avait accordé un génie si vaste et si bon observateur, que depuis lui, aucun médecin n'a pu atteindre sa célébrité, et que ceux qui aspirent à la gloire d'être utiles, n'ont pas de meilleur modèle à suivre.

Les hommes avaient commencé par se baigner dans les eaux de leur voisinage; mais les besoins de la vie, la commodité, l'avantage des malades, la volupté tant industrieuse, introduisirent les bains dans les maisons. Les eaux thermales furent recherchées, parce que la nature les fournissant à des degrés différens de chaleur, pourvoyait ainsi aux différens besoins des malades et à la sensualité des autres. Galien a suivi presque par-tout la doctrine d'Hippocrate, relativement aux bains; c'est dans leurs différens écrits que l'on peut lire tout ce qu'ils ont dit de l'avantage des bains dans les maladies aiguës et chroniques. Celse en parle aussi avantageusement; Pline dit que pendant six cents ans on ne connut d'autre médecine à Rome que les bains.

Les autres médecins grecs et arabes ont parlé de l'avantage que l'on peut tirer des bains dans les différentes maladies. Tous ceux qui se sont succédés depuis ces temps si reculés, ont perpétué la doctrine des premiers maîtres. Le docteur Raymon, dans un ouvrage couronné par l'académie de Dijon, et l'illustre secrétaire perpétuel de cette académie, le docteur Maret, dans un mémoire couronné par celle de Bordeaux, ont présenté, avec l'érudition la plus étendue, la manière d'agir des différens bains froids ou chauds. C'est ce qu'en a dit le savant Macquart, que je présente ici d'après lui.

§ LXXIX. C'est par son poids, sa fraîcheur, que l'eau agit dans le bain froid, parce qu'en comprimant les petits vaisseaux, elle y met obstacle à la circulation qui s'accroit et devient plus forte au centre; en sorte que si l'eau est très-froide et son action long-temps continuée, elle finirait par anéantir la circulation et produire des syncopes, des convulsions et la mort. Si l'eau n'est que fraîche, on voit qu'elle ne fait qu'activer la circulation du centre à la circonférence, parce qu'alors l'obstacle résultant des petits vaisseaux est faible et surmonté par celui augmenté des gros vaisseaux. L'action tonique d'un tel bain, propre à diviser les fluides, à s'opposer à la génération des engorgemens, à augmenter le ressort des organes digestifs, les forces, la chaleur naturelle, l'activité du corps et de l'esprit, dépend de l'immersion subite, du temps que dure l'application de l'eau froide, de son degré de froid relatif à l'état actuel de la peau. Le célèbre *Darcet* que la science vient de perdre, a exposé dans une thèse les avantages du bain froid.

§. LXXX. L'influence du bain sur la circulation, se manifeste bien plus promptement dans le bain chaud que dans le froid. Ce n'est qu'après que l'on est sorti de celui-ci que la circulation s'anime; elle est accélérée dès le premier moment où l'on se plonge dans le chaud; alors la capacité des vaisseaux n'est plus proportionnée à la masse des fluides qui doivent les parcourir, parce que les solides sont trop irrités, trop tendus, ont par conséquent une trop forte réaction sur les fluides; ce qui est cause que les frottemens se multiplient, que la chaleur croit en conséquence, que les humeurs sont brisées, atténuées, que les vaisseaux, particulièrement ceux de la poitrine et de la tête, à cause de la délicatesse de leur structure, se surchargent : de-là les douleurs de tête, la rougeur du visage, les anxiétés, les palpitations, les étouffemens, les vertiges, les syncopes, les affections comateuses, les apoplexies. Cette pléthore, ce relâchement de la peau, ne cessent pas, lorsqu'on est sorti du bain trop chaud ; la transpiration ou la sueur qui en résulte, reste très-abondante, cause l'épuisement, le desséchement, la fixité des humeurs, privées par-là de leur partie fluide. Il ne se fait pas d'absorbtion dans le bain trop chaud, parce que les vaisseaux exhalans trop dilatés, compriment les absorbans et gênent nécessairement leur mouvement.

§. LXXXI. Le bain chaud ou tiède, déterge plus puissamment la peau que le bain froid. Dans le bain tiède, les effets de la chaleur ne sont pas, à beaucoup près, si violens; mais il faut y ajouter ceux de la pénétration, de la vertu dissolvante de l'eau et de sa pesanteur. Celle-ci a d'abord un effet sensible dans le premier moment, car on éprouve alors un peu de gêne dans la respiration et souvent dans la tête, parce que cette pression gênant d'abord les vaisseaux extérieurs, le sang se trouve à ce moyen repoussé vers le cœur ; mais cet effet cesse bientôt, parce que la chaleur douce affecte agréablement les nerfs, amollit les solides, relâche les vaisseaux, augmente leur calibre, délaie, détrempe, raréfie les fluides, favorise la circulation qui devient facile et paisible, ainsi que les autres secrétions. La transpiration n'étant pas extrême, n'empêche plus la succion des vaisseaux inhalans et à ce moyen l'eau fournit un véhicule aux humeurs âcres. La théorie de l'absorbtion développée sur-tout de nos jours, nous apprend en effet combien on doit se promettre du succès de la nature de bains employés d'après l'indication du genre de maladie ou des dispositions du sujet, et doit nous donner une bien haute idée des connaissances d'Hippocrate et des premiers médecins qui ont calculé d'après lui l'utilité des bains en santé et en maladie.

§. LXXXII. La pénétrabilité de l'eau résultant de sa divisibilité (§. 42.) et de la force expansive de la chaleur thermale graduée selon le besoin, présente en effet toutes les ressources de la dispensation méthodique et de l'égale répartition du calorique, indépendamment de la qualité délayante de l'eau, et de la combinaison dont elle est susceptible avec d'autres agens, dont il est indubitable, d'après ses propriétés connues, qu'elle peut assurer la mixtion dans nos humeurs et l'action sur nos solides. On voit donc que le bain doit fournir un des plus puissans moyens pour adoucir les fluides en les délayant, modifier et tempérer la rigidité des solides, rétablir le juste équilibre de la vie, qui consiste dans l'harmonie exacte de ces deux substances ; que conséquemment l'usage des bains doit être très-étendu dans la pratique médicale ; qu'il est bien peu de maladies où il ne convienne pas, quand on sait y adapter la température nécessaire. (*Macquart.*)

§. LXXXIII. Ce sont donc les circonstances qui doivent déterminer la nature du bain à employer; car j'ai vu plus d'une fois, par exemple, la chaleur thermale graduée successivement au 32.° et au-delà, nécessaire pour exciter, réveiller dans certains cas de paralysie même incomplète, la sensibilité, la vitalité opprimée, rendre la transpiration uniforme, développer ou rétablir l'évacuation naturelle aux personnes du sexe; détruire des affections cutanées très-anciennes, ou opérer la résolution de tumeurs scrofuleuses. J'ai observé en même temps et dans d'autres circonstances, qu'un bain à 28.° et au-dessous, occasionnait, décidait des mouvemens spasmodiques chez des personnes en qui l'irritabilité, la sensibilité étaient exquises. Ces vérités démontrent combien il importe de prendre conseil de son médecin ordinaire, et de ceux qui suivent le traitement des eaux ; car il est également certain que les dispositions particulières à chaque individu, éprouvent des modifications, des variations, pendant l'usage même des eaux, que le médecin ordinaire ne peut prévoir à l'avance. C'est aussi là un des motifs qui doivent engager les médecins qui envoyent des malades aux eaux, à leur laisser pour le médecin en qui ils ont confiance, une notice des phases de la maladie et du tempérament du malade.

§. LXXXIV. Les anciens nommaient *Bains laconiques*, *sudatoires*, ce que nous nommons *Bains de vapeurs* ou *étuves*. La vaporisation naturelle de l'eau plus ou moins chaude, constitue ce genre de remède dont l'effet résulte aussi de la durée du temps que l'on reste exposé à ces vapeurs contenues dans les cabinets (§. VIII et XV.) destinés à cet exercice. D'après ce que nous avons dit (§. 50 et 51.) on peut calculer quel doit être l'effet de ces bains qui, par leur nature, sont plus actifs, plus pénétrans. Les paragraphes précédens (§. 80 et suiv.) me paraissent suffisans pour faire sentir que l'usage des étuves est très-propre à amollir, résoudre, diviser, volatiliser et entraîner au-dehors l'humeur morbifique; mais qu'ils peuvent produire des maux incalculables, lorsqu'ils sont employés à contre-temps. Je sais que par l'affinité extrême du calorique avec les fluides, l'avidité avec laquelle ceux-ci s'en saisissent, les étuves ont le très-grand avantage, lorsque leur effet est aidé par des boissons convenables, prises pendant et après cet exercice, d'entraîner les humeurs stagnantes dans le tissu cellulaire, ou dans les glandes de la peau, divisées par le bain, la douche, détrempées par les boissons; conséquemment de pouvoir servir avantageusement dans la leucophlegmatie, certains cas d'hydropisie; les maladies psoriques, dartreuses, scrophuleuses. Je sais qu'avec la sueur une partie du calorique existant dans le corps est emporté (*V. Chaptal et les* §. 28, 41, 64.), que celui introduit par l'absorbtion, l'aspiration, pendant la durée de cet exercice, se combine de nouveau avec nos humeurs, y développe toute son activité, et que par cet effet même les étuves peuvent encore être avantageuses dans certaines affections nerveuses, dans les maladies hypocondriaques et hystériques. Mais du bien qu'elles produisent dans une infinité de maux, et de ce que nous connaissons de leur manière d'agir, on doit juger de la prudence qu'exige leur usage.

Il faut en dire autant du bain de vapeurs pris sur l'ouverture ronde d'une source du bain dit des Capucins dont j'ai parlé; il doit être réglé sur les dispositions particulières de *l'uterus*, car c'est une erreur grave de dire que l'effet de ce bain n'est que relâchant; tandis que dans le vrai, comme tout praticien instruit peut bien le penser, d'une vapeur à 40.º de chaleur, il n'est que relatif et l'usage que l'on peut en conseiller, exige un examen attentif. J'ai vu ce bain produire de très-heureux effets, et j'ai vu des suppressions, des inflammations résulter de l'usage imprudent de ce bain pris au hazard.

§. LXXXV. De l'effet connu des étuves, on doit juger quand elles doivent être permises, combien de temps continuées de suite, et les moyens de remédier aux inconvéniens qui pourraient survenir par imprudences commises, ou par l'effet même du remède sur la maladie. Quant à la durée de chacune d'elles, cela est encore relatif, mais il faut observer d'en sortir promptement dès que le cœur commence à battre plus fortement, sans attendre qu'on éprouve des palpitations. Par ce qui est dit (§. 84), on voit combien certaines boissons peuvent alors avoir d'avantages prises pendant et après cet exercice qui exige beaucoup de précautions. Les plus générales sont de bien se couvrir pour aller se mettre au lit, de bien s'essuyer sur-tout la tête en en sortant, de se garantir très-soigneusement de l'humidité et de l'air du soir.

§. LXXXVI. Une colonne de fluide dont on peut à volonté varier le degré de grosseur et de chaleur, tombant d'une hauteur qui peut aussi être augmentée et diminuée au besoin, et qu'on est maître de diriger sur les différentes parties du corps, constitue ce que l'on nomme *douche*. Il en est de deux sortes à Plombières, l'une descendante et plus employée, l'autre est nommée ascendante, parce que sa direction est au contraire de la précédente, de bas en haut. On voit qu'il doit résulter de ce moyen médical un puissant effet, puisqu'à la nature froide ou chaude, simple ou composée, du fluide employé dans cette opération, se joint l'action mécanique. La nature du fluide étant connue, par ce que nous avons dit de celle de nos eaux, nous n'examinerons ici que l'action mécanique; la force de percussion de la douche, doit s'estimer par la hauteur de la colonne et le diamètre du tuyau; car la force d'un corps en mouvement est le produit de la masse multipliée par la vitesse, et le diamètre ici donne la masse. Plus la douche a d'élévation, plus elle a de force, les diamètres d'ailleurs égaux ; et à égale hauteur le diamètre plus considérable du tuyau, donne une plus grande force à l'eau. Son effet est de diviser puissamment, d'atténuer, résoudre l'humeur épaissie, par les secousses qu'elle lui imprime et par la pénétrabilité de l'eau qu'elle augmente. Elle diffère, même chaude, du bain chaud, en ce que, détrempant les solides, elle soutient et ranime leurs oscillations, et à ce moyen rend à la circulation les fluides stagnans. Il doit donc résulter de son action uniforme un puissant moyen de guérison qui, seul ou combiné selon l'indication, doit nécessairement l'emporter sur les autres moyens usités, qui souvent auraient peu produit seuls, soit pour diviser, soit pour fortifier. *Hippocrate*, en conseillant les différentes espèces de bains, a beaucoup vanté les avantages de la douche. Galien l'a spécialement recommandée et employée dans les circonstances que nous venons d'indiquer, et les grands médecins qui ont marché sur leurs traces, ont développé dans leurs écrits la doctrine du père de la médecine.

§. LXXXVII. On peut diriger la douche sur toutes les parties du corps ; seulement outre la position qui convient et qui est l'état de relâchement des muscles, il faut encore considérer la nécessité d'amollir d'abord, relâcher suffisamment les fibres par des bains plus ou moins long-temps continués, afin de n'avoir rien à redouter de la commotion d'un agent aussi puissant qu'actif. C'est sur-tout lorsqu'on doit la prendre sur les viscères abdominaux que cette précaution est de rigueur ; car sans elle, on doit tout craindre de l'inflammation, comme je l'ai vu arriver à quelques personnes qui en ont agi autrement. C'est aussi dans ce cas qu'il ne faut pas avoir mangé depuis un assez long-temps, pour que la digestion soit terminée. Il est quelquefois indispensablement nécessaire de rentrer au bain après la douche ; c'est 1.° lorsque son action aura causé une trop forte irritabilité des nerfs, mais aussi il faut examiner si cela n'est point résulté de ce que la durée de la douche a été trop longue, ou la colonne d'eau trop forte, ou sa chaleur trop vive; car alors il suffirait de rectifier l'une ou l'autre de ces erreurs, et d'user du remède avec prudence, pour s'y habituer petit à petit. Souvent en voulant faire beaucoup plus qu'on ne peut raisonnablement, on retarde la guérison. Mais qu'on ne s'y trompe point, lorsqu'on rentre au bain après la douche, il pourrait résulter du bain alors trop prolongé, un effet contraire à celui qu'on tentait de produire par la douche. Cette vérité palpable n'a pas besoin de démonstration. Le second cas se rencontre lorsqu'il y a indication de continuer sans secousse l'effet du mouvement accéléré des vaisseaux, et la perméabilité des humeurs; alors il faudrait se plonger dans un bain beaucoup plus chaud que celui qui a précédé la douche.

§. LXXXVIII. La seconde espèce de douche dont on fait usage à Plombières, est comme je l'ai dit (§. 85), la douche ascendante. Elle s'emploie en injection, soit comme clistère, soit dans certaines maladies de l'*uterus*, et principalement l'engorgement de ses parois, ou de son col, ou de ses parties attenantes et antérieures. Je n'ai pas besoin d'observer qu'il faut en cela la plus grande circonspection et n'en faire usage qu'après avoir pris conseil. On adapte alors un tuyau de cuir ou d'étain recourbé et percé de plusieurs trous à son extrémité formée en olive. Cette douche pouvant aussi seule être dirigée commodément sur les glandes du sein, celles ancillaires, les prostates, celles lacrymales, présente dans ces cas un moyen efficace. Cet article, déjà un peu long, ne renferme cependant pas encore tous les détails subordonnés aux dispositions particulières aux malades, et à chaque genre d'infirmités, pour lesquelles ont doit consulter : je le terminerai par faire remarquer que quoiqu'*On* en ait dit, l'observation du docteur *Didelot* est conforme à la saine pratique, lorsqu'il recommande de ne pas se contenter de prendre la douche sur la partie malade, mais de la promener encore sur celles environnantes, afin d'éviter les varices, etc.

§. LXXXIX. Demander que l'on détermine à l'avance combien on doit boire des eaux minérales de Plombières ? combien de temps on doit en faire usage ? c'est comme si on pouvait fixer d'avance combien il faudra faire de saignées, par exemple, dans une pleurésie, combien il faudra purger de fois dans une fièvre intermittente ?... Tout ce qu'on peut dire, c'est que lorsque le médecin en qui on a confiance, en déterminant l'espèce d'eau convenable à la maladie, doit indiquer la quantité que l'on doit en boire ; que l'on commence communément par quatre verres d'environ cinq onces, et que l'on doit mettre entre chaque un intervalle suffisant pour que l'estomac n'en soit point surchargé. La division du temps pour prendre les eaux en périodes de vingt-un jours, n'est point absolue, ni de rigueur. Peut-être est elle venue de ce que plusieurs personnes du sexe, ne dépassent pas beaucoup ce terme sans être obligées naturellement d'interrompre l'usage des bains, douches, etc. ; ces moyens tendans à accélérer, pour la plupart d'entre elles, la révolution périodique : j'en ai cependant vu quelques-unes chez lesquelles nos bains produisaient un effet contraire, et quoiqu'il n'en résulte ordinairement rien de fâcheux, cependant ces aberrations exigent l'attention des médecins. On peut dire au surplus que nos bains ne relâchant pas uniquement comme agissent les bains domestiques tièdes ou chauds, et ne fatiguant pas, peuvent être continués, ainsi que les autres exercices, aussi long-temps qu'il n'y a pas d'indication contraire, ce que j'ai vu pour plusieurs personnes, pouvoir être porté à soixante et au-delà. Mais on se doute bien que toutes ne le pourraient pas aussi long-temps, que par conséquent la nécessité de suspendre et d'interrompre les exercices des bains, douche, etc. est relative au genre de maladie et à la force du malade. Quoique la boisson des eaux puisse être continuée pendant l'intervalle que l'on met pour se reposer, on fait néanmoins très-bien de l'interrompre aussi, afin que la nature ne s'y habitue pas, et que par conséquent elles cessent d'avoir une action suffisante. C'est souvent aussi là le moment de substituer avec avantage une boisson à l'autre, d'après les indications prises de la maladie et de la nature connue des eaux. C'est au médecin à qui on a voulu donner sa confiance, à peser toutes ces considérations et à prononcer.

§. XC. Aux raisons qui décident à suspendre l'usage des bains, et qui sont applicables aux douches, on doit joindre pour cet exercice comme pour l'étuve, celles d'un grand érétisme, d'une chaleur interne, de la soif, de la plénitude, de l'accélération du pouls, d'un sentiment douloureux et vif, en les prenant d'ailleurs avec les précautions indiquées. La nature, la complication de ces symptômes amènent aussi souvent la nécessité de recourir aux saignées locales ou générales, aux boissons délayantes, calmantes, aux purgatifs, etc.; indications que les médecins doivent saisir, ainsi que celles du moment où les différentes parties du corps sont suffisamment disposées à la recevoir.

§. XCI. C'est hasarder que vouloir préciser d'avance les époques où l'on pourrait être obligé de se purger pendant l'usage des eaux; il faut saisir pour cela les momens que la nature indique, car c'est seulement alors que les purgations sont avantageuses, comme l'a enseigné *Hippocrate* : on peut donc boire, baigner, doucher même avant qu'il y ait indication suffisante de purger, mais aussi ne faut-il pas négliger le moment propice.

§. XCII. L'usage des eaux minérales étant un remède facile, plusieurs personnes ne pensent pas que cela doit les astreindre à un régime. Cependant il n'est rien de plus vrai que de dire qu'on ne peut espérer de guérison sans cela; car lors même que les viscères abdominaux ne seraient point spécialement intéressés, cependant par l'effet de la correspondance, de l'union sympathique qui existe entre toutes les parties du corps humain, par le moyen des nerfs, les facultés digestives participent toujours plus ou moins à l'état maladieux des autres parties, en sorte qu'il faut souvent très-peu de chose pour qu'il y ait erreur dans le régime, et que par conséquent les eaux n'opèrent point efficacement ou même paraissent nuire. On comprend bien qu'il est moins question ici d'une ankilose, ou d'une luxation, qui cependant obligent aux précautions générales, que de toute autre indisposition ou maladie; car ici, très-peu de chose peut faire excès dans le manger, d'où résulteront toutes les suites de mauvaises digestions. On ne peut donc trop recommander aux malades la plus grande exactitude dans le régime, et sur-tout de souper très-légèrement, afin que l'estomac soit libre et bien disposé pour les exercices du lendemain. Les malades d'engorgemens, ou d'atonice, ou de rigidité de quelques viscères, sont obligés de s'astreindre à un régime particulier, et beaucoup plus sévère que les autres, et le médecin consulté doit le prescrire dans tous les cas. On peut en général permettre le vin vieux, pourvu qu'il n'occasionne pas d'aigreurs, qui, ainsi que les flatuosités, n'admettent point l'usage des fruits. Comme il faut donner quelque chose à l'habitude, on ne doit je crois défendre le café aux personnes qui en font habituellement usage, que lorsqu'on a lieu d'en craindre trop d'érétisme, ou que sa combinaison avec la crème peut amener des aigreurs, des pesanteurs à l'estomac. Quant aux liqueurs, on doit je pense en bannir l'usage ; ce moyen dont on croit pouvoir se servir pour aider la digestion, suffit souvent seul pour la détruire. Les veilles réprimant la transpiration, doivent être proscrites

§. XCIII. Il est nécessaire qu'il y ait au moins une heure d'intervalle depuis la douche prise sur les viscères, ou l'étuve, jusqu'au dîner. De ce qu'il n'est rien résulté de fâcheux à quelques personnes qui agissent contrairement à ce principe, il serait déraisonnable de conclure que ce soit de même pour toutes : je pourrais citer plusieurs exemples contraires. N'est-ce pas souvent à cette conduite que l'on doit attribuer le peu de succès des eaux ? il en est d'elles comme de tout autre remède. Il n'est pas prudent de manger au bain, ou d'y rester long-temps après avoir mangé : on ne le doit jamais avant l'étuve ou la douche sur l'*abdomen* ; tout médecin en connaît les inconvéniens, sans qu'il soit besoin d'entrer ici dans des détails à ce sujet. Je ne parle pas de prendre un bouillon souvent nécessaire aux personnes faibles ou épuisées.

§. XCIV. Si les passions de l'ame produisent souvent des maladies graves, si l'on voit beaucoup de personnes affectées d'hypocondriacie, d'hystéricie, ne pouvoir se rétablir tant qu'elles restent entourées d'affaires qui les préoccupent, de chagrins qui les tourmentent, on doit juger combien le traitement par les eaux minérales, doit avoir d'avantages sur les autres, en tenant éloigné des causes de maladies que l'on veut détruire, et par conséquent combien il importe d'y chercher la dissipation, les amusemens, faire des exercices doux, des promenades qui, en entretenant l'égalité d'une circulation libre, facilitent toutes les sécrétions : aussi doit-on les recommander à tous les malades, autant que les forces peuvent le permettre. Mais que dans ces promenades ils évitent de s'asseoir sur la terre humide ou trop à l'ombre, au frais, sur-tout ayant chaud ; qu'ils évitent également le serein qui, comme je l'ai déjà observé, est si abondant, tant surchargé, et arrive pour nous de si bonne heure.

§. XCV. C'est un principe en médecine, que les contraires se guérissent par les contraires : c'est aussi pour cela que les eaux thermales de Plombières ne peuvent qu'être nuisibles lorsqu'il y a excès de calorique (§. 74.), par conséquent, disposition à la phlogose ou inflammation, comme aussi dans les tumeurs squirrheuses, que l'on doit craindre d'agacer, et dans les ulcérations internes. La douche ou l'étuve ne feraient aussi qu'accélérer dans ces cas une terminaison fatale, comme on en a vu quelques exemples; on a au surplus trop généralisé, lorsqu'on a prétendu que nos eaux, eût-on même désigné les thermales, ne convenaient point aux épileptiques. L'épilepsie est une maladie spasmodique, au plus haut degré à la vérité : il faut distinguer les causes des maladies spasmodiques, comme celles de toutes autres et par conséquent aussi celles de l'épilepsie, afin de pouvoir indiquer l'espèce dans laquelle les bains et les eaux thermales peuvent être contre-indiquées; car je puis apporter des exemples où l'usage de ces eaux a éloigné les accès. Je les crois favorables lorsque cette maladie dépend de la viscosité, de la lenteur des humeurs ou de l'inertie de la fibre. On peut en dire autant de certains cas de paralysie; lorsqu'il y a rigidité, par exemple, excès d'électricité, les eaux thermales, la douche, peuvent être nuisibles. Cependant Hippocrate, qui a si bien observé, recommande la douche dans la paralysie; n'est-ce pas parce que nous nous sommes éloignés de sa sage doctrine dans l'administration du remède, que l'on n'a pas toujours eu des succès?

§. XCVI. On exclut aussi de nos eaux les hémopthisies, les phtisies, et on a raison, si cette exclusion est basée sur ce que les eaux thermales en boisson, les bains trop chauds accéléreraient le mouvement des fluides; mais si c'est parce qu'on croit que les bains domestiques tièdes, tant qu'il n'y a pas d'œdématie, produisent l'effet des bains tempérés de Plombières, on se trompe, car il est démontré que ceux-ci ne relâchent pas autant et affaiblissent moins. Mais si l'on veut parler de la boisson, n'avons nous pas les eaux savonneuses, celles de Bussang? Nos eaux ne peuvent-elles pas être mariées avec d'autres boissons, selon l'indication? et pour cela, ne faut-il pas distinguer les causes de ces maladies? Il est incontestable que les bains tièdes, les demi-bains, présentent même dans la phtisie confirmée, un avantage réel; puisqu'en dissipant la rigidité, la sécheresse de la peau, en dilatant les pores, en facilitant le mouvement de succion des vaisseaux inhalans, en favorisant ainsi la mixtion du fluide aqueux avec la matière âcre qui entretient le mouvement fibrile, celle-ci délayée, atténuée, a moins d'action; qu'avec l'écoulement plus égal de la matière perspirable, s'écoule aussi une partie du calorique surabondant dans la phtisie, ce qui retarde et modère par conséquent la suppuration et ses suites. Mais comme je le disais, la phtisie pouvant avoir différentes causes, peut être produite, par exemple, par la résorbtion du lait, ou la suppression de l'évacuation périodique ou autre; on est autorisé à avancer, d'après la nature connue de nos différentes eaux, qu'elles peuvent, dans certains cas, convenir à la guérison de la phtisie. Le célèbre (1) médecin de l'électeur de Cologne qui

―――――

(1) *Christophe-Louis Hoffmann*, *aujourd'hui peut-être encore existant, et duquel nous avons différens*

vient de mourir, a démontré dans un ouvrage allemand que la phtisie était très-guérissable par différens moyens qu'il indique, et entre autres le *Mars*, selon la nature des causes : et certes ce remède est très-tonique. On peut donc conclure de ce qui vient d'être dit, qu'on a trop généralisé en excluant dans tous les périodes de la maladie, tous les phtisiques de nos eaux.

§. XCVII. L'hydropisie est encore une maladie que l'opinion repousse des eaux de Plombières ; mais depuis que le docteur *Bacher* nous a rappellé aux vrais principes, et généralisant la doctrine d'*Hippocrate*, qui déjà recommandait les boissons et les bains dans l'hydropisie, nous a démontré que loin que celles-là puissent nuire dans cette maladie, elles y conviennent et y sont souvent nécessaires, on peut conclure de la nature même de la maladie, et de celle de nos eaux, les ferrugineuses sur-tout, qu'elles peuvent y être utiles dans certains cas, ainsi que les étuves. C'est à l'atonie de tout le système qu'il faut attribuer le plus grand nombre des hydropisies, car de là résulte nécessairement une exhalation augmentée; aussi je ne crois pas que dans ce cas, nos bains malgré leur qualité tonique, puissent convenir, si ce n'est dans le principe. Les hydropisies causées par des polypes, des tumeurs comprimant le cœur ou les poumons, par des squirrhes, des viscères abdominaux, par des stéatômes qui compriment la veine cave, par la rupture des vaisseaux lymphatiques, par des hydatides, sont incurables dit Cullen. Celles que l'on peut guérir, sont l'effet de la suppression des évacuations naturelles; mais dans ces cas nos eaux sont avantageuses, donc elles peuvent y être employées en boisson et étuves, même en bains, lorsque l'atonie extrême de tout le système, la dilatation des vaisseaux exhalans, n'y mettent pas obstacle. Mais comme il

---

ouvrages de médecine très-importans, en latin et en allemand, et de la traduction de quelques-uns desquels je me suis occupé. Ses amis ont recueilli et publient journellement différens remèdes que sa pratique heureuse a accrédité, et dont l'efficacité est reconnue.

est des hydropisies dont la guérison est reconnue douteuse, il serait injuste d'inculper nos eaux d'une non réussite dans certains cas, reste donc à conclure qu'on a établi une proposition trop générale à l'égard de l'hydropisie, comme des maladies que nous avons examiné dans les paragraphes précédens.

§. XCVIII. Ce serait une erreur de croire que nos eaux ne peuvent convenir dans la goutte ; cette décision serait entachée des mêmes vices que je l'ai dit des précédentes. Je n'ai pas vu que ces eaux aient nui dans cette maladie, à moins qu'on n'en ait fait usage à contre-temps ; il en serait de même de tout autre remède. Elle peuvent nuire dans le moment de l'accès et c'est alors par l'application inconvenante du calorique qui, augmentant la rigidité par sa qualité stimulante, accélère la circulation dans ces parties, cause l'inflammation, les douleurs. Ce n'est pas les incisifs, les toniques qu'il faut employer lors que les délayans sont absolument nécessaires. L'étuve ne peut pas non plus convenir alors, car il ne faut pas croire que l'on guérisse en forçant la sueur, il faut qu'elle soit amenée doucement et pour cela que l'érétisme soit dissipé : alors l'étuve est d'un très-grand avantage, comme je l'ai expérimenté plusieurs fois. Le bain servant à détremper, à délayer, convient sur la fin de la maladie, à laquelle la boisson thermale ou minérale, selon la disposition particulière du sujet est également convenable. Au surplus, c'est aux médecins prudens à se diriger dans ce cas, comme en tous autres d'après les circonstances.

§. XCIX. Je suis loin de croire que les bains puissent *toujours* nuire dans les fièvres, sur-tout les intermittentes. J'ai vu au contraire que loin de là, les bains tempérés étaient souvent le vrai moyen d'amener la guérison dans la plûpart de ces fièvres opiniâtres, notamment les quartes que la tension, l'érétisme extrême entretient, ou la ténacité de la matière morbifique. Cette observation repose sur la saine pathologie : c'est la doctrine de tous les praticiens instruits, je l'ai beaucoup expérimenté dans 20 années de pratique, et sur-tout dans les hôpitaux militaires où mes confrères en ont eu comme moi des exemples multipliés. C'est *souvent* le seul et vrai moyen

moyen de diminuer le spasme, le froid de l'accès fébrile et de terminer heureusement la fièvre, que de faire mettre le malade dans un bain tiède au moment du froid de l'accès, de l'y laisser même pendant tout ce temps. C'est une erreur grave d'avoir avancé un principe contraire, aussi aurais-je été très-éloigné de le déconseiller, comme je l'ai fait au Citoyen Laframb.. dont on a voulu parler, si d'un autre côté, je n'y avais pas vu un obstacle réel dans l'intempérance du malade pour le manger, et que je ne pus vaincre.. Ce malade en sentit ensuite la nécessité et c'est sans doute seulement pour corroborer sa guérison, qu'il est venu depuis plusieurs fois aux eaux.

§. C. Qu'on ne s'étonne cependant pas si les eaux de Plombières, comme il arriverait de tout autre remède, ne procurent pas toujours la guérison ; l'intempérance, les imprudences des malades en sont le plus ordinairement la seule cause. Mais c'est souvent aussi beaucoup que de soulager dans certaines circonstances, où comme l'ont remarqué, il y a long-temps, les praticiens, il ne reste pour réparer une santé détruite que les débris d'une santé irréparable. On aurait tort par conséquent d'imputer à nos eaux les non-réussites, et d'en conclure qu'elles ne possèdent pas les qualités que je leur ai assignées d'après les médecins qui m'ont précédé dans la carrière que je cours aujourd'hui. Cela peut être aussi quelquefois le fait du médecin ; quel est celui qui pourrait se flatter de n'avoir jamais erré ? C'est en reconnaissant qu'on s'est trompé que l'on se rend encore utile et que l'on peut garantir ses confrères du danger : alors on remplit son devoir qui doit passer avant toute considération. Le médecin s'honore également lorsque, ne présumant point trop de ses propres forces, il propose ses opinions, et qu'écartant toute prévention il sait rectifier ses idées sur les démonstrations qu'on lui présente ; c'est ce que je ferai toujours sans répugnance.

LES bornes d'un essai ne me permettent pas de m'étendre en beaucoup de preuves pratiques de ce que j'ai avancé des qualités délayantes, fondantes, toniques, excitantes des eaux de Plombières, dans les maladies indiquées (§ 66 et suiv.). J'ai rapporté dans la première édition de cet ouvrage, quelques

F

observations prises au hasard parmi une infinité d'autres que j'ai eu occasion de faire depuis le long temps que je fréquente les eaux de Plombières, et sur-tout depuis que j'y ai fixé ma résidence. J'en citerai cette fois quelques autres, de même nature qui, comme les précédentes, confirment ce que j'ai dit de ces eaux merveilleuses.

Je ne crois pas trop dire en avançant que les eaux de Plombières sont par leur nature et sur-tout leur calorique, susceptibles de recevoir et dissoudre parfaitement tous les principes qui différencient d'elles les autres eaux minérales et thermales les plus actives et les plus fréquentées.

OBSERVATIONS.

Obs. I.re La C.ne Dar.. d'un tempérament pituiteux, pâle et décolorée, n'était pas réglée à 18 ans. Des flatuosités distendaient douloureusement l'estomac à certaine époque, des coliques violentes venaient aussi ajouter alors à ce tourment. Les pédiluves augmentaient ainsi que les lavemens répétés, la plétore locale et les déchiremens que la malade rapportait à la région utérine. Lorsque ces signes étaient à un haut degré d'intensité, il y avait syncope. Les liqueurs qu'on avait conseillé à la malade avaient paru alléger ses souffrances, mais ce moyen n'était rien moins que rationel, pouvait même devenir très-préjudiciable.

Je conseillai des bains entiers à 26°, et la boisson de l'eau martiale; ce moyen employé pendant deux mois, en deux saisons de l'an 1792, et réitéré depuis momentanément, a été couronné du succès le plus complet. (*)

Obs. II. La C.ne Vin... n'avait encore que dix neuf ans, et déja elle éprouvait depuis près d'un an, des douleurs très-vives, avec gonflement alternatif des articles, elle était d'un tempérament bilieux, la

---

(*) *Quoique je ne fasse pas ici mention du régime, on doit croire que dans ce cas comme dans tous autres, je ne perds pas de vue cet objet important.*

fibre lâche, dans un état de torpeur bien caractérisé. L'évacuation périodique ne s'était encore annoncée chez elle que par des douleurs à l'estomac, l'anorexie, le pcia, la leuchorrée ; l'appareil lymphatique était dans une atonie complette, lorsque l'officier de santé de Gérardmer qui avait été appelé différentes fois, conseilla de la conduire à nos eaux. Consulté à son arrivée, je conseillai le bain à 28.°, et l'eau thermale du bain des dames, comme plus chaude en boisson, dans l'intention d'exciter la fibre. Après quelques jours de ce traitement, des symptômes gastriques, de la plénitude dans le pouls, me décidèrent à faire administrer un vomitif d'ipécacuanha, je fis purger la malade deux jours ensuite. Il survint dans la nuit suivante quelques douleurs, et le sur-lendemain un peu de gonflement que le bain fit augmenter. Je conseillai pour lors un bain très-court suivi de l'étuve, en même temps que je fis couper l'eau thermale avec l'infusion tiède de germandrée, bue seule dans le cours de la journée : le gonflement et les douleurs peu vives, disparurent en cinq jours, par des urines jumenteuses. L'étuve fut encore continuée chaque trois jours et je substituai pour lors à la boisson celle de l'eau martiale dans la journée et avec le vin aux repas. La pâleur, la bouffissure du visage avaient cédé en même temps que l'appétit était devenu régulier et naturel. La jeune personne qui auparavant se mouvait avec difficulté et à regret, partit après un mois de séjour, satisfaite de sa santé.

J'indiquai le régime et le traitement subséquent qui sans doute furent suivis, puisque la sœur aînée qui avait accompagné la jeune malade et qui souffrait des douleurs vagues, rhumatismales, étant revenue l'année suivante pour la même maladie, dont elle fut guérie, m'annonçât la parfaite santé dont jouissait la première.

Obs. III. Mme Geor.... âgée de vingt-un ans, mariée, sans enfans, d'un tempérament pituiteux, fibre grêle, était affectée depuis quatre ans de leuchorrée, les règles fluaient mal, les digestions étaient pénibles, des tiraillemens très-fréquens de l'estomac affectaient douloureusement la malade. Je lui conseillai le bain tempéré, l'eau thermale du crucifix.

Au troisième bain la malade vomit spontanément et abondamment d'une matière glaireuse, et se trouva beaucoup mieux dans l'après-midi du même jour : j'ajoutai alors au traitement, la poudre de camomille romaine, avec un peu de carbonate de potasse. L'appétit ayant diminué avec dégoût, plénitude dans le pouls, sensibilité plus considérable à l'épigastre, pesanteur de tête, signes de saburre, je prescrivis un peu de magnésie et quelques verres de solution de son sulfate, dans la matinée du huitième jour, ce qui fut réitéré le douzième. Les règles qui parurent à l'époque fixe, fluèrent convenablement : l'époque révolue sans douleurs, on reprit les bains ; le second fut suivi de la douche, des douleurs spasmodiques étant survenues à l'estomac, je compris qu'elles étaient dûes à la durée de la douche portée précipitamment un peu trop loin. On la suspendit pendant deux jours, reprise ensuite et continuée pendant vingt-cinq jours, on parvint graduellement à une heure. Le bien qui en résulta, ainsi que de l'usage simultané d'un opiate apéritif et absorbant, fut tel que dans l'intervalle d'une époque à l'autre de l'évacuation périodique, la leuchorrée disparut. Les digestions étaient bonnes, faciles, le ventre assoupli répondait et il ne restait après quarante-deux jours d'exercices à nos eaux, qu'un léger embarras du mésentère qui eût je pense, cédé à un second usage des eaux, comme avait fait celui de l'ovaire gauche. Je ne dois pas oublier de dire que la douche ascendante ne fut pas négligée.

Obs. IV. A l'âge de 26 ans, Mlle Dande.... d'une contexture lâche, n'éprouvait pas convenablement l'évacuation périodique, la fibre péchait chez elle par inertie, aussi la malade avait, à différentes époques de sa vie, éprouvé des engorgemens dans tout l'appareil glanduleux. Un an auparavant et pendant l'hiver qui précéda son arrivée ici, elle avait éprouvé des gonflemens indolens aux épaules, au col, aux genoux : le teint était décoloré, et jaunâtre, la bile qui participait de l'épaississement de la lymphe, fluait mal et on reconnaissait de la renittence dans le foie plus volumineux qu'il ne l'est d'ordinaire. Je conseillai quelques verres d'eau thermale suivis, dans les premiers jours, de la boisson de l'eau martiale qui fut ensuite employée seule, et un bain à 28.° porté ensuite à 32.° et d'une durée plus longue ; la douche fut commencée dès le troisième jour, interrompue le huitième, pour placer un émético-cathartique que je jugeai nécessaire par les signes de pléthore humorale. L'évacuation périodique s'annonça le lendemain, et fut plus régulière que de coutume. Deux jours ensuite on reprit les exercices auxquels j'ajoutai l'étuve d'abord de deux jours l'un, puis quatre jours de suite et un d'intervalle. La renittence du foie avait disparu, le teint était bon dès le douzième jour, et quoique la malade à défaut de fortune, n'ait pu s'arrêter ici autant de temps que je l'aurais désiré pour elle, j'ai su par des personnes de Charmes qui l'ont connue, qu'elle continue à jouir du bienfait des eaux. C'est encore à raison du peu d'aisance que je lui fis employer notre eau martiale au lieu de celle de Bussang que je jugeai plus convenable à cause de ses principes plus actifs. Elle avait eu d'abord des excrétions glaireuses jusqu'au 9 et depuis des urines abondantes, fétides, sans sédiment.

Obs. V. La C.^{ne} Bart.... du Val-d'Orbey, accoucha à vingt-six ans de son troisième enfant, six mois ensuite elle éprouva un refroidissement d'où résulta presque subitement la cessation de la sécrétion du lait, survint presque aussitôt un gonflement de la cuisse droite dans laquelle la malade avait en d'autres temps éprouvé des douleurs vagues. Le volume de la cuisse s'accrut rapidement au point qu'il n'était plus possible à la malade de la mouvoir dans le lit; des topiques mirent en fonte l'humeur épanchée, et le genou qui avait participé au gonflement de la cuisse, devint alors d'un volume beaucoup plus considérable. La fluctuation décida l'ouverture à la partie inférieure et externe de la cuisse, il s'en écoula abondamment une matière d'abord épaisse, puis séreuse, d'une odeur fétide; on continua le pansement, néanmoins il se fit spontanément près de l'articulation du genou, et au-dessous de l'incision trois petites ouvertures, qui rendaient une matière sanieuse, lorsque la malade vint aux eaux dix-huit mois après cet accident, en l'an sept. La cuisse était un peu émaciée, l'incision cicatrisée; le genou encore gonflé peu douloureux. La malade d'un tempérament pituiteux, cacochyme, avait été purgée peu avant son arrivée et après l'évacuation périodique. Elle fit usage de l'eau thermale le matin, et de celle ferrugineuse dans le reste de la journée, passa graduellement d'un bain tempéré à un de 32.° La douche ne lui causant pas de douleurs, elle la continua du troisième jour des bains, jusqu'à la fin de la saison que décida l'apparition des règles après vingt-cinq jours d'exercices, dont huit d'étuves. Le genou avait repris sa grosseur naturelle, seulement il y restait un peu de faiblesse, les petits ulcères cautérisés étaient cicatrisés, et la malade ne boîtait plus que très-peu et dans les chemins difficiles.

Obs. VI. M.me Touss... avait été renversée d'une voiture dans un torrent, peu de temps avant d'accoucher de son second enfant. Forcée de gagner sa demeure à deux lieues de là, ainsi mouillée par une saison pluvieuse, elle ne parut pas d'abord avoir souffert de cet accident fâcheux. La couche se termina heureusement au terme des neuf mois, mais l'enfant étant mort peu de temps après, le lait se supprima tout à coup, et la malade resta simultanément paralysée de tout le côté gauche. Neuf mois de traitement chez elle la mirent en état de marcher à l'aide d'un bras et en fauchant ; de sa main droite elle soutenait l'avant-bras gauche qu'elle ne pouvait porter autrement ; une douleur de tête la vexait constamment ; tel était l'état de la malade, âgée de vingt-sept ans, d'un tempérament pituiteux, lorsqu'elle arriva à Plombières. La boisson de l'eau thermale, les douches, les étuves prises sous ma direction, firent disparaître ces infirmités dans environ un mois et demi, en deux saisons, à cause de l'interruption pour le temps de l'évacuation périodique, et la C.ne Touss... jouit depuis d'une santé parfaite.

Obs. VII. M.me Mai... âgée de 45 ans, était depuis dix-huit mois dans un état de maigreur et de faiblesse extrême, elle ne digérait plus qu'avec douleur un peu de bouillon ou un jaune d'œuf. Elle attribuait à l'âge la suppression qu'elle éprouvait depuis deux ans. Jusqu'à cette époque elle avait essuyé plusieurs fièvres intermittentes, tierces ; la constitution de l'air du pays qu'elle habite rendant ces maladies endémiques ; son état avait paru désespéré, et on l'envoya à nos eaux. Tous les viscères abdominaux, le mésentère sur-tout étaient plus ou moins engoués ; la malade se plaignait particulièrement d'aigreurs, de douleurs à l'épigastre. Dans l'espace d'environ deux mois, l'état de la malade fut tellement amélioré à l'aide de l'eau thermale et des demi-bains à 26.º, pendant plus d'un mois, et par l'usage d'un peu de carbonate de magnésie, seule ou avec la rhubarbe, ou la poudre de camomille avec le carbonate de potasse et la rhubarbe, et au moyen d'un régime soutenu, qu'elle passa l'hiver chez elle dans un état infiniment plus satisfaisant qu'on aurait pu l'espérer. Elle avait éprouvé des vomissemens de matière glaireuse très-épaisse, et j'en avais sollicité la sortie par l'ipécacuanha, et des évacuations alvines de même nature ; ces crises m'engagèrent plus d'une fois à suspendre les exercices pendant un jour ou deux, et à recourir aux analeptiques.

Au printemps suivant je fis associer aux bains entiers, la boisson d'eau thermale coupée à moitié, avec l'infusion de chicorée, aiguisée de temps à autre avec un peu de sulfate de soude ; la malade était alors beaucoup plus forte, et son état me paraissait exiger des moyens plus actifs qu'à l'automne précédent : nous n'avions employé la douche à cette époque qu'avec beaucoup de précautions et pendant une quinzaine seulement ; nous commençâmes de même au printemps, je la fis graduer peu à peu pour sa durée et le calibre du tuyau : des pilules fondantes, légèrement purgatives, concoururent avec les moyens précités et employés cette fois pendant environ un mois et demi, au rétablissement de la malade qui reprit de l'embonpoint ; les règles reparurent, suivirent même encore pendant plus de trois ans leur ancienne période. M.me Mai... n'avait conservé de cette foule de maux que deux petites tumeurs du mésentère, qui, dans le principe n'avait présenté qu'un amas de corps plus ou moins durs et volumineux. Elle a dépassé ensuite sans accident l'époque critique.

Obs. VIII. Un Citoyen de Guebwiller, âgé de 47 ans, d'un tempérament bilieux, la fibre sèche, tendue, éprouvait, depuis plusieurs mois, des douleurs d'estomac presque continues, et ses digestions étaient pénibles ; il avait éprouvé précédemment quelques douleurs vagues dans les membres ; je le palpai et ne découvris que de la tension, de la rigidité à la région épigastrique. Ce malade faisait usage depuis quelques jours de l'eau ferrugineuse qui lui avait été indiquée, ses douleurs n'en étaient que plus constantes et plus vives ; je crus en voir la contre-indication dans la crispation de la fibre, et conseillai le bain tempéré de quatre heures, et l'eau savonneuse en boisson ; le gonflement fréquent des vaisseaux hémorroïdaux, la constipation, les douleurs d'estomac disparurent, les digestions s'améliorèrent en peu de jours ; je n'ajoutai à ce traitement qu'un peu d'électuaire lénitif, lorsque je fus assuré que la constriction spastique avait cessé, et le rétablissement s'opéra ainsi en moins d'un mois de séjour ici.

Obs. IX. Le C.en Véri... avait depuis quatre ans des douleurs rhumatiques universelles acquises aux armées ; l'humidité, le froid long-temps éprouvé aux extrémités inférieures, avaient fixé sur ces parties, la matière de la transpiration qui, dégénérée, y avait développé, par sa causticité, un érésypèle, ulcéré depuis. Ce malade, âgé de 46 ans, d'un tempérament sanguin, bilieux, s'étant adressé à moi, je lui conseillai l'eau chaude coupée d'environ moitié petit lait, et le bain tempéré ; l'étuve, puis la douche furent aussi employées, après que le malade eut été purgé le septième et le neuvième jour, à cause de l'abondance des matières saburrales gastriques. Les ulcères des jambes se détergèrent et cicatrisèrent ainsi dans moins de vingt jours, en même temps que les douleurs rhumatismales se dissipaient. Le malade fit une seconde saison dans l'automne de la même année, et s'est bien porté depuis.

Obs. X. Le C.en Hé... à l'âge de dix-huit ans, éprouvait, déjà depuis plus d'un an, les douleurs d'une goutte universelle ; avant 16 ans il avait acquis tout le développement de la taille d'un homme fait ;

il se nourrissait beaucoup, pour satisfaire un apétit très-vif, qu'il conserva dans les temps les plus douloureux de sa longue maladie. Avant que les douleurs devinssent aussi aiguës, avant que les articles se soient gonflés de l'humeur arthritique, ce jeune homme avait éprouvé des lassitudes, des douleurs passagères dans les grandes articulations, mais comme il mangeait beaucoup, on n'y avait pas fait attention ; le genre de ses occupations l'exposait en outre à de fréquentes intranspirations, que favorisaient encore les imprudences de son âge.

Lorsque je fus consulté, le malade souffrait déjà horriblement depuis plusieurs mois ; les tumeurs étaient considérables, d'un rouge très-vif : l'eau de veau, le petit lait, les sangsues à la marge des tumeurs n'avaient point apporté d'adoucissement, les douleurs avaient même acquis de l'intensité par l'usage des poudres, dans lesquelles je soupçonnai la résine de gayac. Je fis continuer le petit lait, auquel je fis ajouter demi-once de nître dépuré par pinte, le malade buvait abondamment ; la fièvre étant toujours ardente, une saignée du bras assez copieuse apporta beaucoup de diminution dans les douleurs, et il se fit un nouveau dépôt de matière arthritique aux vertebres cerviâles supérieures. L'usage constant du petit lait fortement nîtré, un mélange d'opium et de nître, administré de six en six heures, diminuèrent peu à peu les douleurs ; il s'établit une moiteur grasse sur les tumeurs, les urines qui jusqu'alors avaient été très-rouges, perdirent cette couleur et se troublèrent, je fis alors ajouter le rob de sureau au petit lait nîtré, et le malade ayant été plusieurs jours sans douleurs, la matière grasse qui transsudait des tumeurs, les dissipant peu à peu, je conseillai nos eaux. On but celles thermales, d'abord avec un peu de petit lait, puis seules le matin et l'infusion de germandrée dans la journée : plusieurs tumeurs s'étant dissipées promptement, je pensai en accélérer la fonte par le bain, mais les douleurs s'étant réveillées après le troisième bain, je l'abandonnai, pour insister sur la boisson d'eau thermale du crucifix et l'étuve, continuant l'infusion de germandrée. Ces moyens, auxquels je fis joindre le bain lorsque les tumeurs furent presqu'entièrement dissipées, et qui pour lors fut efficace, en rendant de la souplesse et délayant la matière de la maladie, ont rétabli parfaitement la santé du malade, dont l'état fâcheux ne fut sans doute aussi long, que parce que mangeant beaucoup, des digestions mauvaises fournissaient des sucs nourriciers dont la qualité entretenait la maladie. La douche fut aussi employée lorsque le malade n'éprouva plus que de la faiblesse. Le changement d'air, une vie exercée, ont contribué à maintenir la bonne santé, à la restauration de laquelle on doit reconnaître que nos eaux ont au moins beaucoup contribué, si elles n'ont pas été comme dans les cas XIX et XX rapportés I.re Edition de cet ouvrage, et la II de celle-ci, le principal agent de la guérison.

Obs. XI. La C.ne Col... d'un tempérament pituiteux, la fibre molle, avait éprouvé régulièrement jusqu'à 50 ans, l'évacuation périodique, qui cessa subitement à cette époque, à la suite d'un refroidissement, étant restée long-temps mouillée. Des douleurs rhumatismales anciennes s'étaient dès lors réveillées avec plus d'intensité, leur fréquence et celles des accès d'un asthme humide dont elle était tourmentée depuis plus de quinze ans, s'était accrue depuis deux ans, lorsque la malade vint à nos eaux, se plaignant en outre de douleurs à l'estomac, de manque d'apétit. Je palpai la malade, ne reconnus qu'une sensibilité augmentée à l'épigastre : les bains gradués que je conseillai, ainsi que l'eau thermale à 40.° et des pilules d'ipécacuanha, avec un peu de baume du Pérou, fondirent puissamment les glaires abondant dans l'estomac, j'en facilitai la sortie le deuxième jour, par le même remède ; j'ajoutai ensuite la douche et cinq à six étuves sur la fin de la saison. Ce traitement qui dura un mois, dissipa les douleurs de rhumatisme, la toux convulsive qui fatiguait presque continuellement la malade, devint infiniment plus rare dès après le vomitif ; la respiration difficile et stertoreuse auparavant, devint plus libre, la transpiration s'était rétablie, les digestions se faisaient bien, la sensibilité extérieure à l'épigastre avait disparu, la malade n'avait plus éprouvé qu'un accès d'asthme lorsqu'elle partit. J'ai su, cet été, par un Citoyen de son pays, que depuis l'an 5, époque de son séjour ici, elle se portait infiniment mieux qu'auparavant, et n'éprouvait que très-rarement des accès d'asthme.

Obs. XII. M.lle Vin... l'aînée, d'un tempérament bilieux, joignait à une sorte d'embonpoint, un état de spasme extrêmement fréquent, et que le plus léger mouvement inopiné rappelait subitement. L'évacuation périodique était constamment annoncée, accompagnée et suivie d'un état spasmodique plus violent, d'une durée plus longue : elle péchait aussi en moins. Je crus dans ce cas pouvoir conseiller l'usage des eaux martiales, mais la malade ressentit bientôt à la région épigastrique des crispations qui entraînèrent tout l'appareil nerveux dans des mouvemens désordonnés et convulsifs plus fréquens. Je pris sur ce cas, l'avis du docteur Deguerre, qui m'engagea à faire faire usage de l'eau de Bussang coupée avec le petit lait, et de l'eau thermale refroidie, aux repas. Je n'eus qu'à m'applaudir de ce traitement auquel je substituai, pendant la durée de l'époque périodique, une infusion de safran oriental, qui nous conduisit sans orage à la reprise des bains et des boissons précédentes. L'eau martiale, moins gazeuse que celle de Bussang, ne faisait qu'accroître la rigidité de la fibre, sans atténuer la bile résineuse qui, par sa causticité, agaçait vivement les nerfs de l'épigastre et la lésion de ce centre de sympathie entraînait le spasme de toutes les autres parties ; au lieu que le mélange du petit lait à l'eau de Bussang, en modérant son action tonique, augmentait sans doute celle dissolvante du petit lait par sa combinaison avec le gaz et les autres principes de l'eau.

Je pensai à la reprise des exercices pouvoir y joindre l'usage de la douche, qui quoique prise avec précaution, produisit cependant de nouveaux mouvemens spastiques, ensorte qu'il fallut y renoncer pour cette fois. M.lle la malade en fit usage l'année suivante sur-tout l'habitude du corps avec succès, ses nerfs n'avaient plus alors la même excitabilité, la bile était moins résineuse, par conséquent moins irritante, ses digestions améliorées dès la première année, devinrent parfaites, les règles s'étaient établies sans douleur et à des périodes régulières ; la santé enfin avait atteint un état aussi satisfaisant qu'inespéré. M.lle V.. fit usage pour cette fois de l'eau thermale du Crucifix le matin, et de celle de Bussang à ses repas.

Obs. XIII. A la suite d'une apoplexie sanguine, le C.en Thom.... âgé de 47 ans, d'un tempérament sanguin et bilieux, après quatre mois de traitement était resté paralysé de l'extrémité supérieure gauche, celle inférieure était encore très-faible, et il la traînait avec peine, il y avait encore distorsion de la bouche. Je ne pensai pas que la boisson de l'eau thermale pût convenir dans ce cas, à cause de la rarescibilité qui devait être le résultat de l'action du calorique sur les humeurs, en même temps que de l'accroissement d'action, et d'énergie des solides ; je conseillai en conséquence l'eau savonneuse, le bain tempéré de trois heures et la douche huit jours ensuite. Ces moyens continués pendant un mois ont parfaitement rétabli le malade : il fut purgé le deuxième jour, et je lui conseillai de le faire de nouveau, quelque temps après son retour chez lui et d'y faire ensuite usage des eaux de Bussang.

Obs. XIV. Le C en N... des environs de Metz, était affecté de dartres vives éparses sur le corps, elles n'existaient que depuis quatre à cinq ans, il en avait alors 40. Elles paraissaient devoir leur origine à une galle répercutée plusieurs années auparavant, et au défaut de perspiration, toute l'habitude du corps était aride. Son tempérament sec, sanguin, défendait d'employer l'eau thermale en boisson, je lui conseillai de la couper avec le petit lait, mais l'estomac s'y refusait, je pensai y substituer l'infusion de chicorée ; mais dégoûté de beaucoup de tisanne de cette espèce, il fallut s'en tenir à l'eau savonneuse. Le bain avait été recommandé tempéré ; mais le malade ne s'y croyant pas assez chaudement, étant passé dans un bain chaud, fut assailli le deuxième jour de douleurs vives à la tête avec fièvre, le pouls était dur et plein. Une saignée du bras, une décoction d'orge nitrée, le bain à 24.º dissipèrent l'orage que deux bains trop chauds allaient faire éclater. Cette leçon fit sentir au malade la nécessité de se laisser diriger. Après quelques jours de bains, je conseillai les étuves de deux en deux jours, des bols de souffre et nitre ; les dartres furent bientôt de plus de moitié moins nombreuses, celles restantes peu animées, une transpiration abondante très-fétide s'était établie, avec des urines jumenteuses. Mais difficile à contenir, le malade éprouvant un si heureux changement, persuadé par d'autres exemples que le mouvement salutaire imprimé aux humeurs par nos eaux, se perpétuait long-temps, partit malgré mon opposition, après 25 jours de séjour ici.

Obs. XV. Le C.en C.... âgé de 42 ans, venu ici dix ans auparavant, pour des douleurs rhumatiques dont il n'avait plus rien éprouvé depuis, se plaignait à son retour, de constipation, de débilité d'estomac, digestions lentes. Il portait en outre sur différentes parties du corps et spécialement sur le front et le cuir chevelu, une efflorescence farineuse qui annonçait une lymphe dégénérée. Je ne reconnus aucun embarras dans les viscères du malade d'une constitution pituiteuse avec la fibre grêle. J'indiquai la boisson de l'eau thermale avec le petit lait, mais les digestions n'étant que plus lentes avec plus de borborigmes, je compris que cela devait être attribué au petit lait. L'eau thermale ne pouvait cependant convenir seule parce qu'il en serait résulté comme dans tous les cas de ce genre un accroissement de l'excitabilité, une *sur-oxigénation*, je fis remplacer le petit lait par une infusion de chicorée et prescrivis un peu de rhubarbe à dîner. Le ventre s'ouvrit alors spontanément, les digestions se firent mieux, alors j'indiquai la douche sur tout l'abdomen; bientôt il ne resta plus au malade que quelques dartres auxquelles j'opposai l'étuve et des pilules composées d'égale partie de la masse des pilules de Bellost, d'extrait de rhubarbe et de résine de gayac; la peau avait perdu sa sécheresse, une transpiration fétide et abondante qui s'était établie depuis plus de 15 jours nettoyait la peau presque totalement débarrassée des dartres, lorsque le malade partit après un mois et demi de séjour à nos eaux, du bienfait desquelles il ne pouvait assez se louer.

Obs. XVI. Le fils du C.en Kra... âgé de 4 ans était depuis 27 mois tourmenté d'une fièvre d'abord tierce, puis quarte et plusieurs fois récidive dans ce type; il y avait un engorgement considérable de la rate. Depuis quinze jours sans fièvre, l'enfant avait de la bouffissûre plutôt que de l'embonpoint. Je conseillai nos eaux, on l'y conduisit. Il fit usage pendant un mois de celle thermale en boisson, baigna pendant une demi-heure, je fis commencer la douche six jours ensuite, et un de ceux où dans le dernier type, il devait y avoir apyrexie; la fièvre reparut le sur-lendemain, je n'en fis pas moins continuer le bain et la boisson. Après le troisième accès des signes manifestes de saburre, un peu de dévoyement, me décidèrent à faire passer un léger minoratif. La fièvre ne reparut plus, quoique j'aie fait reprendre la douche le lendemain du jour où elle aurait pu se manifester, et elle fut continuée depuis, je fis seulement ajouter pendant quelques jours dans les premiers verres d'eau, un scrupule de sulfate de magnésie ce qui tenait le ventre ouvert; l'engorgement de la rate se dissipa totalement et l'enfant jouit depuis d'une parfaite santé.

Obs. XVII. Le C.en Lavie... vexé depuis un an d'une fièvre double tierce, devenue tierce régulière, était d'un tempérament bilieux, l'appareil gastrique était engoué Après quatre jours de boisson de l'eau thermale, je conseillai le bain tempéré, mais les accès devinrent plus longs et la fièvre reprit le type de double tierce. L'excitation que le calorique de l'eau thermale avait produit, était sans doute cause de cet accident, d'un autre côté le malade peu tempérant suivait l'apétit que la boisson avait éveillé. Je fis cesser le bain et après trois jours de l'usage *d'apozèmes* amers légèrement aiguisés, et de l'infusion de chicorée nîtrée en mélange avec l'eau thermale, la fièvre étant revenue tierce au quatrième accès, je conseillai de s'en tenir à la boisson de l'eau thermale coupée au tiers, comme je l'ai dit; le malade en buvait ainsi vingt verres et la fièvre fut promptement et totalement dissipée.

La Citoyenne... de l'observation *VII* qui était avec lui cette année, étant revenue celle suivante, me dit qu'il s'était toujours bien porté depuis.

Obs. XVIII. M.lle Coll... rachitique, ne paraissait pas à 12 ans, en avoir plus de cinq. Son estomac digérait mal et péniblement : triste et languissante, elle semblait se consumer par la fièvre hectique, le pouls était en effet accéléré sur-tout dans l'après-midi. Je lui fis prendre le bain à 24.º Elle buvait l'eau savonneuse; sa peau aride s'assouplit bientôt, le dévoyement qui la tourmentait fréquemment et auquel j'opposai un léger vomitif d'ipécacuanha et un peu de poudre de rhubarbe, se dissipa en même temps que les digestions se fortifièrent, le bain très-court dans les premiers temps, fut ensuite porté à une heure et demie. La douche et l'exercice joints à ces moyens ont arrêté les progrès du rachitisme, l'enfant s'est développé et fortifié. On peut je crois dire que sans ces secours employés pendant près de 40 jours, dans l'état de débilité extrême où était cette enfant, elle n'eût jamais pu dépasser l'époque critique où l'évacuation périodique s'est établie sans nouveaux accidens pour elle.

Plusieurs siècles ont successivement accumulé des preuves incontestables de l'efficacité des eaux de Plombières; la main destructive du temps ne semble à leur égard avoir d'action que pour fournir de nouveaux matériaux à l'histoire des cures qu'elles opèrent journellement. Je n'ajoute rien à cette vérité, et les nouvelles observations que j'offre aujourd'hui au public, ne sont, avec celles insérées dans la première édition de cet ouvrage, que la confirmation du principe connu en médecine ; que ce n'est que par la juste application et combinaison des remèdes, que l'on doit attendre des guérisons.

Tous les médecins qui ont suivi quelque temps nos eaux, ont par devers eux la certitude de leur efficacité ; les autres verront qu'en les employant ou seules ou combinées avec d'autres remèdes, selon l'indication de la maladie, elles agissent d'une manière aussi certaine que souvent inespérée.

J'ajouterai ici et mes confrères en sentiront l'importance, qu'il serait nécessaire de laisser à leurs malades venant aux eaux, une notice de la maladie et des moyens employés; afin que celui des médecins auquel ils les adresseraient, aie des données positives, au lieu d'un narré souvent inexact.

P. F. Je viens d'être informé que le Médecin Martinet, a envoyé des échantillons de nos eaux au célèbre Chimiste le C.en VAUQUELIN. C'est bien certainement un moyen assuré d'avoir une bonne analyse, et il faut espérer que ce Médecin s'empressera de faire connaître le résultat des expériences d'un Chimiste aussi éclairé. C'est sans doute déjà dans cette intention qu'il a engagé le Citoyen A.... L.... à revoir pour lui un nouveau mémoire sur nos Eaux.

Plombières le 5 Vendémiaire an 10.

www.ingramcontent.com/pod-product-compliance
Lightning Source LLC
LaVergne TN
LVHW050630090426
835512LV00007B/765